まちのゲストハウス考

真野 洋介
片岡 八重子 編著

明石 健治（とりいくぐる）
飯室 織絵（1166バックパッカーズ）
井筒 もめ（あわくら温泉 元湯）
加納 亮介（ほんまちの家）
蛇谷 りえ（たみ・Y Pub&Hostel）
武田 昌大（シェアビレッジ）
田中 惇敏（架け橋・山麓園）
豊田 雅子（あなごのねどこ）
西村 祐子（ゲストハウスプレス）
森岡 咲子（SAMMIE'S）著

学芸出版社

左上：尾道のまちを一望する〈みはらし亭〉／左下：〈あなごのねどこ〉の捨てられない小道具たち／右上：商店街から細長く裏庭まで続く〈あなごのねどこ〉の路地／右下：12月12日の開店記念日に毎年スタッフで記念撮影

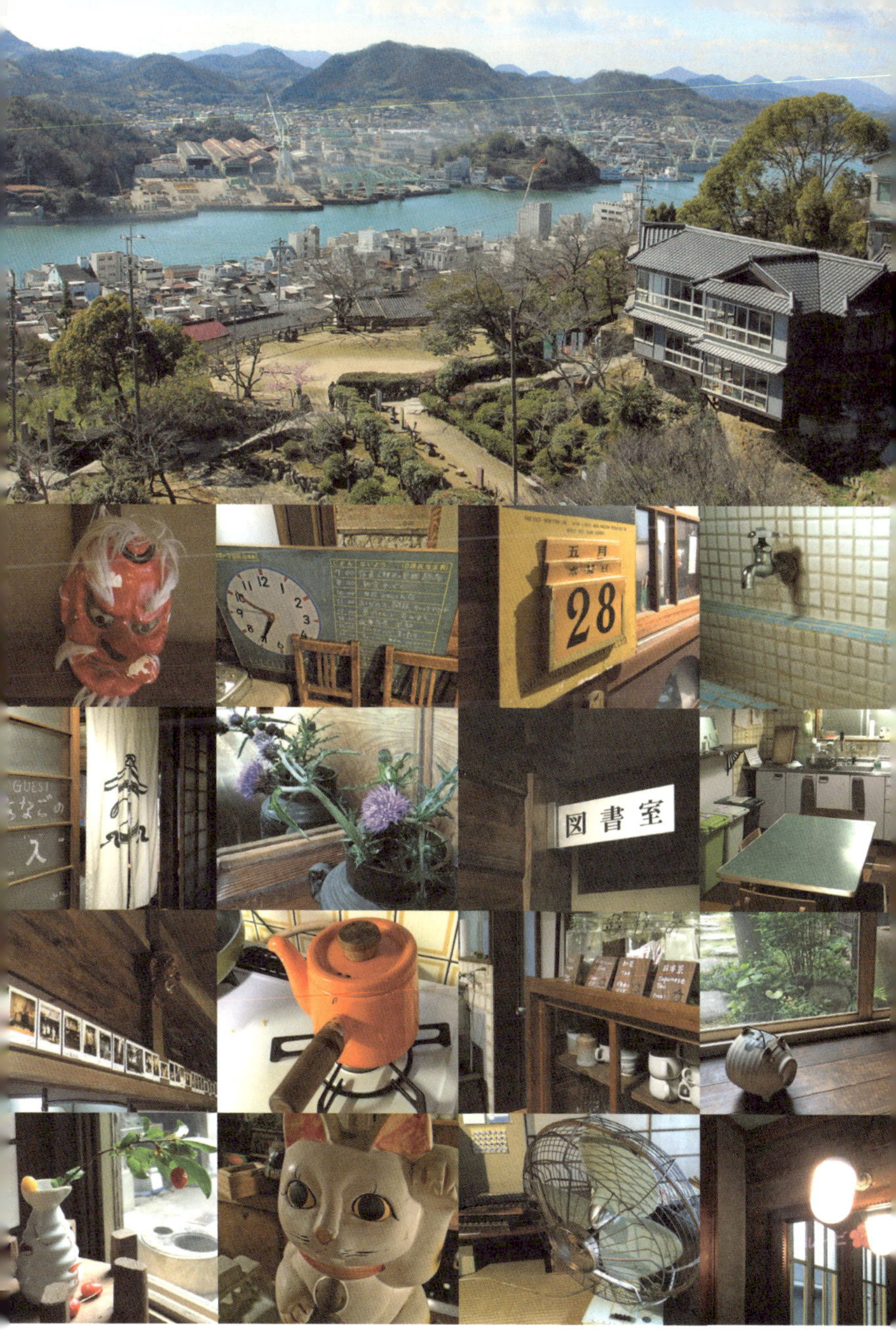

あなごのねどこ（広島県）p.43

左上:善光寺まで徒歩５分ながらも、バス通りの一筋西で静かな環境。昔ながらの商店や民家が並ぶ／左下:ラウンジ。御安航を祈るという意の旗。旅の安全を願い送り出す／右:大きいテーブルを囲んで月一の持ち寄り朝食会

1166 バックパッカーズ （長野県）p.59

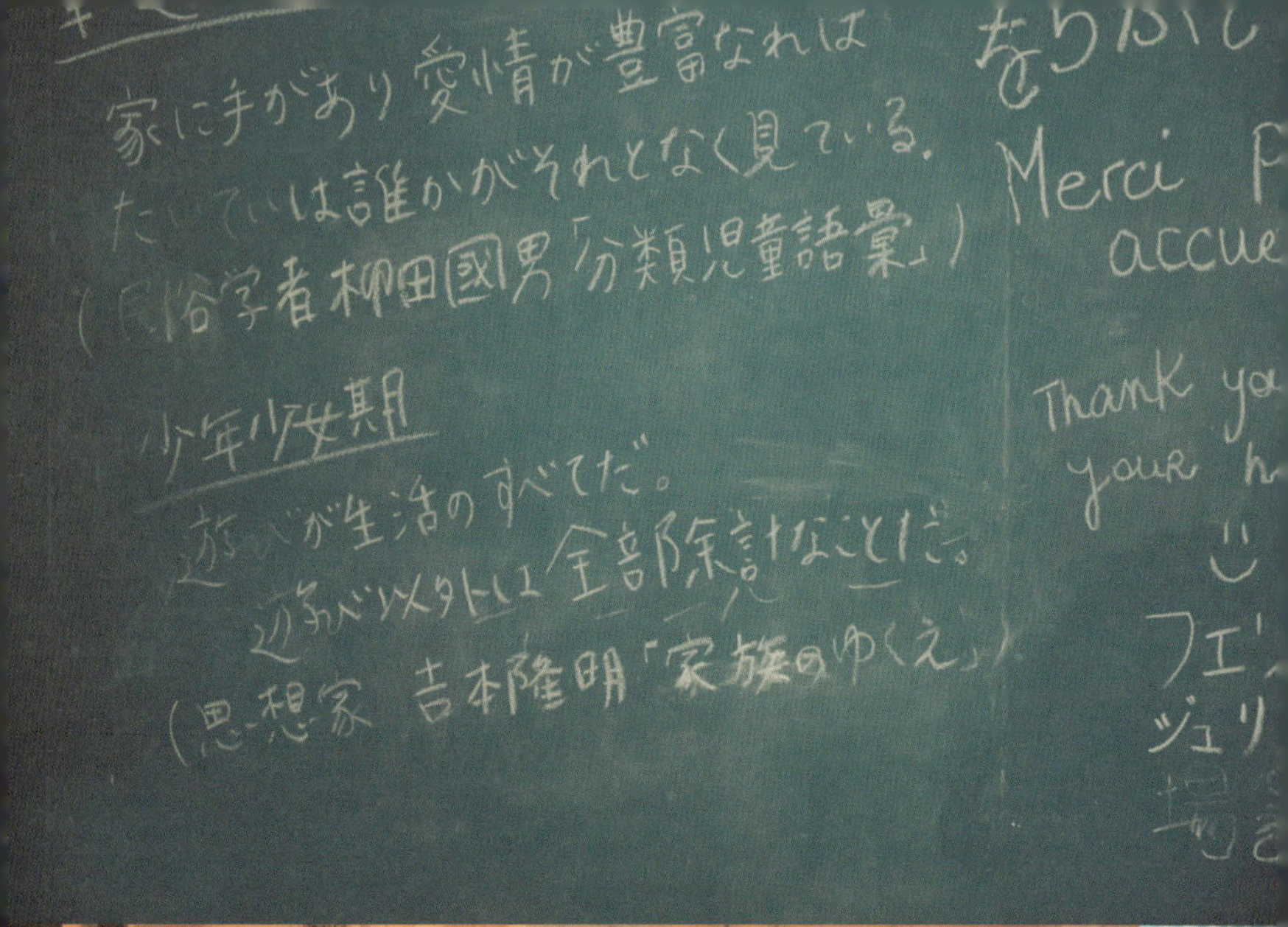

左上：子どもが楽しんで入れるお風呂を目指した／左下：食事はすべてキッチンでスタッフが手づくり／右上：エントランスのメッセージ／右下：「いらっしゃいませー」という声が日々響く「こどもばんだい」（すべて © 片岡杏子）

あわくら温泉 元湯 （岡山県）p.75

左上：昭和初期の趣きが残る外観／左下：夏休みこども合宿の様子／右上：町家暮らしを楽しむごはん交流会／
右下：空き家からの掘り出しもので蚤の市を開催

ほんまちの家（富山県）p.99

左上：もともとの風合いを活かした外観／左下：手づくりのキッチンスペース／右：温かみのあるリビング
（すべて ©Rui Izuchi by cocoon）

SAMMIE'S （福井県） p.115

左上：商店街より見た〈とりいくぐる〉外観／右上：オープン時の記念写真。他の入居者や、工務店の方たちと／右下：中庭からラウンジを見る

とりいくぐる （岡山県） p.131

左頁〈Y Pub&Hostel〉：窓際のカウンター席・レセプション（上）、パブスペース奥・モーニングメニュー（中）、MIXドミトリー・入り口ドア越しにみるパブスペース（下）／右頁〈たみ〉：オープン当時（上）、松崎神社の祭りの風景（下）

たみ・Y Pub&Hostel（鳥取県）p.147

シェアビレッジ（秋田・香川県）p.164　雪がしんしんと降り積もる築135年の〈シェアビレッジ町村〉

架け橋・山麓園（宮城・熊本県）p.170　宿泊者と地元の子どもたちの交流が生まれる〈架け橋〉の居間

はじめに

今この本を手に取った皆さんは、ゲストハウスのことをどれくらいご存じだろうか。ゲストハウスが好きで毎週末のように各地を泊り歩いている人や一度くらいは利用したことがある、という人ももちろんいると思うが、おそらく本書を手に取った多くの人は「話には聞くけれど実際に利用したことはない」のではないだろうか。旅行は好きだけどまだゲストハウスを利用したことがないという人は、ぜひ頁をめくってみてほしい。本書では9人のゲストハウス運営者たちに、それぞれの宿を始めたきっかけ、試行錯誤し続ける運営の日々を綴ってもらった。商店街の一角や山あいの村で営まれる彼らの宿は、不足するインバウンド需要を受け入れるハコでも、空きスペースを活用し効率よく利益をあげることを優先したビジネスでもない。まちに根を下ろし、独自の視点でその地域と関わりをもちながら丁寧に宿をつくっている。今そうしたゲストハウスが全国にたくさん生まれている。宿を紹介するだけではこぼれてしまう、彼らの考え方や宿の日常を知ることこそ「まちのゲストハウス」を理解してもらうことになるのではないかと思った。

本書の構成は、そうした多面的な面白さをできるだけ正確に伝えるため、3章から成り立っている。1章ではいくつかのゲストハウスが生まれる〝前夜〟の話を、2章では各宿の運営者たちが綴る9編の日常を、そして3章では社会背景を踏まえた空き家活用や小さな経済圏・社会資本の創出拠点としての可能性を探る論考をまとめた。それぞれ気になるところから、自由に読み進めてほしい。いずれにしてもこの本を読み終えたら、きっとゲストハウスに泊まってみたくなるだろう。

２０１７年2月　片岡 八重子

目次

この本に登場するゲストハウスたち

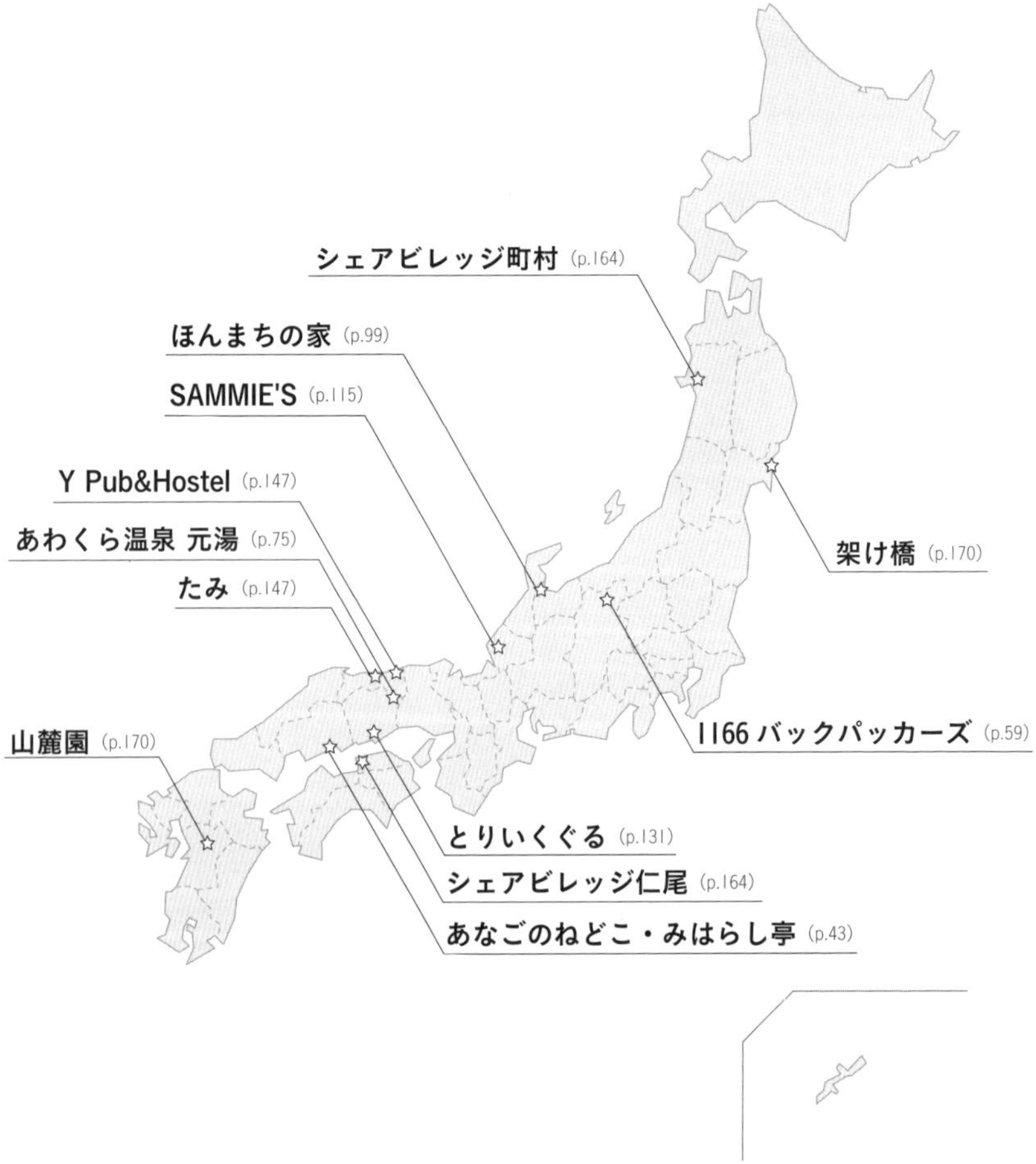

chapter 1

ゲストハウスが始まるまち

片岡 八重子

① ことの始まり。まちの空き家再生

移住先で出会った新たなライフワーク

ゲストハウスをつくる。最初にそんなことを考えたのは、「みはらし亭」という元旅館の空き家を再生したいと動き始めた、２０１０年のことだった。広島県尾道市にあるその空き家は、建物の半分が崖に面していて、反対側は尾道の寺巡りで一番メジャーな千光寺参道に向いている。昭和初期に「みはらし亭」と名付けられただけあり、眺望は抜群で、座敷からは瀬戸内海のしまなみを望む絶景が広がっていた。港町として栄えた尾道の豪商が建てた茶園建築[*1]だった。

私が所属する「ＮＰＯ法人尾道空き家再生プロジェクト」は、空き家を再生して尾道の景観や文化を後世に残そうと、２章の著者でもある豊田雅子さん（43頁）が２００７年７月に立ち上げた団体だ。団体自ら空き家を再生し活用もしているが[*2]、移住者や空き家を活用したい人たちと物件をマッチングする「空き家バンク[*3]」や再生工事のアドバイス、建築家や工事業者の紹介など、多様なメニューで再生のサポートを行っている。

ヒト・モノ・コトが集中し、窮屈になってきた都心から離れ、地方に飛びこんで新たなチャレンジをする人たちが増えている。起業というよりは自分の力でできる小さな取り組みから始め、経済性や効率性より、デザインやものづくり、飲食といった〝自らのスキル〟を活かした場づくりや価値の共有に興味があり、周囲の人とコミュニケーションをとりながら、既存の関係性を変えていこうという動きだ。私自身も、2008年に生まれ育った千葉県から岡山市にIターンし、建築設計事務所を開設した。夫は国内外の転勤が多い土木のエンジニアだったが、腰を据えて自分たちの暮らしを築いていこうとお互い仕事を辞めて、夫の出身地の岡山へ移住した。当時働いていた東京の、新しいフォルムをつくることばかりに情熱を注ぐ建築設計への疑問も岡山行きを後押しし、地域やまちの人たちとの関わりのなかで建築をつくりたいと思っていた。その矢先、岡山出身で地方都市の研究者でもある真野洋介さんから、隣の広島県で「尾道空き家再生プロジェクト」を立ち上げていた豊田さんを紹介されたのだ。それから現在に至るまでこつこつと10年近く、空き家の再生を手がかりにまちにコミットするきっかけをつくり、建築や不動産の仕組みや関係性を超えて自分たちの居場所をつくることができないかと、日々奮闘してきた。

〈みはらし亭〉と〈あなごのねどこ〉：初めての大型空き家再生

みはらし亭に話を戻すが、空き家のなかでもみはらし亭のような大型空き家は、規模が大きく再生費用も嵩《かさ》むので、そもそも活用主体を見つけるのが難しい。その上法律的な壁もあり、なかなか再生の道筋が立たないという現状がある。しかしこうした大型空き家は、景観的にも文化的にもそのまちの系譜を後世に伝える象徴的な建物であることが多い。みはらし亭も、尾道空き家再生プロジェクトの理念としても絶対に残したい建物だったが、例に漏れずそれが簡単でないことはすぐに判断できた。屋根は一部破損しており、水まわりが設けてあった隣の離れは天井から光が差し廃屋同前。大きな車輌を停められる道路からは300段以上の階段を上がらねばならない斜面地にあり、資材の運搬も大きな課題だった。

空き家バンクの登録物件の動きを見ても、一個人では再生が難しい大型空き家は脱空き家化されず「売れ残り」となってしまう状態が長く続いていた。

手始めに大型空き家の再生のケーススタディとして、「脱空き家を考えるワークショップ（2010年）」ではみはらし亭を取り上げた。みんなで活用案を考え、建築基準法や都市計画法、消防法など関連する法律を調べた。すると、この敷地は建物が建った後に「市街化調整区域」という、原則的には建築を建ててはいけない区域になっていたため、既に申請されていた旅館以外の用途への変更は難しいことがわかった。用途を変更した場合、現在の都市計画法や建築基準法に適合させる必要がでてくるからだ。現行法規への適合は、立地が立地だけに、予算面でも施工面でも現実的ではなかった。

なんとか旅館という用途のままで活用できないか、と考えた末に辿り着いたのがゲストハウスだ。建築基準法上の「旅館」には、ホテルや簡易宿舎が含まれていて、ドミトリー形式のゲストハウスはこの簡易宿舎にあたる。ホテルや旅館に比べて必要とされる機能が少なく、資金が潤沢でなくても比較的つくりやすい。そもそも私たちの活動は、代表である豊田さんが旅行業に従事していた経験を活かし、「観光」も大きな柱の一つになっていて、「いつかみはらし亭をゲストハウスにしたいね」と、当時の私たちにしてはだ

左上：空き家再生作業(2010)／左下：空き家バンク登録物件調査／右上：尾道「ガウディハウス」改修の模型制作(2008)／右下：2011年3月10日、東日本大震災前夜の尾道空き家再生プロジェクト役員会

いぶ大きな夢を掲げていた。その頃から、メンバー同士が出張や視察などを利用しては各地のゲストハウスに泊まり、情報を共有し始めるようになった。

当時の尾道空き家再生プロジェクトは、NPO（特定非営利活動法人）になったものの収益性のある事業がそれほどなく、専任の2人以外は自分の仕事をもちながら片手間にプロジェクトに関わっていた。資金も人材も不足している状況だったが、だからといって自分たちの身の丈に合わない助成金を取ったり、無理に行政とタッグを組んでやっても長続きはしない。自分たちの手でできることから周辺の環境や状況を変えることに意義があると思っていた。

みはらし亭は、今すぐには無理でもいつか再生させようと、所有者とも何度も協議を重ねNPOに安く貸してもらうことが決まったため、調査や勉強会を続けた。メンバーの1人で文化財などに詳しい建

築家・渡邉義孝さんの手により、登録有形文化財にも申請した。

そうこうしているうちに、駅前商店街の空き家となった町屋を活用してみないかと声がかかった。若い人のまちづくりに活用してほしいと大家さんが担い手を探しているものの、建物が大きすぎてうまく活用できる人が見つからずにいたのだ。尾道の商店街は旧山陽道に面していて、建物の多くは、ファサードこそ現代風に覆われているが、戦前の町屋建築が多く残っている。

尾道らしい建物を再生していくことへの使命感、課題だった大型空き家の再生、今まで活動を手伝ってくれた人たちの仕事づくり、そして自分たちらしい事業をやること。みはらし亭で構想していたゲストハウス事業が、この大型町屋の再生にぴったり当てはまった。

２０１２年12月、再生された建物はゲストハウス〈あなごのねどこ〉と、併設のカフェスペース〈あくびカフェー〉としてオープンした。開業後も試行錯誤しながら少しずつ手が加えられ、オリジナリティあふれる独特な空間になっている。豊田さんはじめスタッフの日々の努力やアイデアもあって、いまや宿泊者の絶えない尾道の滞在拠点の一つになっている。あなごのねどこで積み上げたノウハウと実績が原動力となり、２０１６年の春、念願だった〈みはらし亭〉はゲストハウスとして再生された。

あなごのねどこもみはらし亭も、多くの時間と多くの「人の手」があってこそ再生できた。尾道空き家再生プロジェクトでコツコツと空き家を再生しながら、意義を共感し合える仲間に出会えたから実現した。その旗振り役の豊田さんの底知れぬパワーがみんなを突き動かしているのは言うまでもない。

まちの居場所づくりのお手伝い

尾道空き家再生プロジェクトに合流して、不動産仲介業の経験を活かして仕組みづくりに関わった空き家バンクが成果を出し、メディアでも多く取り上げられるようになった。尾道で商店街の空き店舗や斜面地での空き家リノベーションを何件か手がけると、いつしか「空き家をみてくれる建築家がいるよ」という口コミが全国に拡散し、尾道だけでなくいろいろな地域で「空き家の再生」について相談されるようになった。そのなかでいくつかのゲストハウスづくりにも関わることになった。

空き家の再生に関わるときには、空き家単体を改修、活用することを考えるのではなく、その行為や再生された場が周辺にどういう影響を与えるのかを想像する。

自分も周りも楽しめる新たな居場所になるように、できるだけ多くの関わりシロをつくる。地方の空き家は家賃も安く、時間をかけて再生できる。再生のプロセスでは、できるところはクライアントや周囲の人たちを集めＤＩＹで行い、専門的な工事を職人さん、ものづくりなどのスキルをもっている作家やアーティストさんに、たとえば家具や棚などのインテリアに関わってもらうなど、分離発注方式で行っている。再生のプロセスを共有することで生まれる関係性が、自然とまちや社会にコミットする機会を増やしていくのは、尾道で経験して学んできたことだ。

資金やＤＩＹスキル、効率的な構造補強など諸条件を包括的に考えて、建築主がやりたいことを実現するベストな選択肢を、建築家としてアドバイスする。現れる空間は自らデザインしたものではないが、ある諸条件の中からつくり出すスタンスは、建築や空間をつくる場合と変わらない。つくられた場はデザインされた空間を超えて、まちの新たな「種」となり、その成長の過程でまた新たな関係を生みだしていく。

尾道の空き家再生では、再生スキルを身につけた人が新たな空き家の再生作業に加わり、空き家の再生が加速した。先に土地の耕し方を知っていた人が、あとから来た人と一緒に耕してあげるというリレーだ。そこには建築業者の常識を超えた独特な空間がつくられ、日に日にカスタマイズされていく。

② 人とまちとのマッチング

〈かじこ〉：さまざまな出会いの原点、そして松崎へ

2010年の夏、私の事務所の近く、岡山市出石町の戦前のまちなみが残る一角で、期間限定のゲストハウス〈かじこ〉（150頁）が始まった。三宅航太郎君と蛇谷りえさん、小森真樹君が運営する、瀬戸内芸術祭と連動した期間限定のアートスペースだった。アートスペースといっても宿泊機能があり、宿泊者がイベントを持ち込むと宿泊費がディスカウントされるという仕掛けで、滞在者や訪問者の出会いの場になっていた。私も常連ではなかったがイベントには何回か参加していたし、事務所のスタッフや友人がヘルパーをしていたので、日に日に盛り上がりをみせていたかじこの様子はよく耳に入っていた。かじこは予定

通り、3ヶ月でその活動を終えることになるのだが、終了することを惜しむ「かじこロス」という現象が起こるほどにファンも多く、本書で取り上げている〈とりいくぐる〉（131頁）の明石健治君や〈元湯〉（75頁）の井筒もめさんもそのうちのひとりだった。明石君はその後、かじこで出会った仲間とともに岡山市内で「やっち」[*4]という人が集まるスペースを運営した。

あらゆるところに影響を与えたかじこが終了して少し経ったある日、運営者の三宅君と蛇谷さんから「ゲストハウスを長期的にやりたいから空き家を探したい」と連絡をもらった。三宅君とはかじこを始める以前に私が主催した、古民家を利用したアートスペースで展示空間をつくるワークショップに参加者として来てくれて以来の知り合いだった。私が普段から各地で空き家を再生していることを知っていて連絡をくれたのだ。2人はかじこを終え、「やり切った」という達成感と「もっと面白いことができる」という可能性を感じていた。

〈たみ〉：まちの人たちに支えられたゼロからの拠点づくり

2人をまず尾道に連れて行った。まだだれが活用するか決まっていなかった「みはらし亭」や、できて間もない「AIR CAFE」[*5]、斜面地の空き家の再生事例などを案内した。空き家を再生した先駆者も多くいるし、彼らのサポートも期待できる。「AIR Onomichi」[*6]もすでに2回開催されていて、アートイベントの土壌や人脈もある。みはらし亭は旅館として再生を待たれている物件なのだから、彼らがやろうとすることにある意味〝ハマる場所〟だった。

しかし数日後、尾道以外で探したいと連絡をもらった。すでにコトが起きている尾道でなく、新たにチャレンジできる場所を選びたいという。鳥取県湯梨浜町の松崎に彼らを連れて行くことになったのは、その数ヶ月後のことだった。

ここで少し、松崎というまちのことを紹介しておきたい。鳥取県の中部、白壁土蔵群の残る倉吉市の隣のまち。JR松崎駅前から松崎神社に向かう旧街道沿いに、松崎商店街がある。商店街といってもアーケードもなく、すでに住宅としてしか機能していない家屋が多い。私は2009年から、空き店舗を活用するアドバイザーという肩書でこのまちに関わっていた。アドバイザーに誘ってくれたのは、このまち出身の建築家であり、私の東京修業時代の師匠でもある建築家・岡村泰之さんだ。岡村さんのご実家は松崎商店街内のおもちゃ屋さんで、お姉さんも3件先の洋品店に嫁がれていた。商店を営む方々がこれからの松崎について話し合う集会に初めて参加した頃は、当時流行っていたご当地グルメや地域ブランディングという言葉が飛び交い、新しいコンテンツをつくり賑わいを取り戻そうという議論が盛んだった。アドバイザーとして、どこかのまちの成功事例のコピーではなく、もともとこのまちがもっている価値を掘り起こして深めたほうがいいとアドバイスをした。しかし、当時はまだ尾道に関わり始めたばかりで実績もなく、集会で意見をするというやり方ではなかなか変わらなかった。ならば実感してもらう具体的な事例をつくってやろうと、まず仲間を集めた。鳥取で「トットリノススメ」を企画・運営していた本間公《あきら》さんや、米子でまちの活用デザインを考えていた建築家グループ「米子建築塾」の来間《くるま》直樹さん、白石博昭さん、木村智彦さん、そして東京から駆けつけてくれた岡村泰之建築設計事務所の後輩たちだ。「空き家ＢＡＲ」はこのメンバーでざっと空き家を改修し、本物のバーテンダーに来てもらった一日限定の仮想ＢＡＲイベントだ。地元のお酒と地元の食材でつくった料理が持ち寄られた。地元の人たちにも、松崎にこういう場所ができたらいいねと喜んでもらえた。その後企画したトークイベント「まちのリレー会議[*7]」の、は、東郷池や温泉、商店街のコミュニティなどの、松崎の日常がこのまちの魅力となっていることを気づいてもらえる機会になった。このほかにも、屋台づくりワークショップ[*8]や戦前から続く期間限定朝市「三八市」のお手伝いなど、アドバイザー期間が終わってからも、このまちに関わり続けた。

2010 年に松崎で開催した一日限定の「空き家 BAR」。地元の人がたくさん来てくれた

以前からこのまちのアドバイザーをしていた岡村さんのおかげもあって、商店を営むお母さんグループは、会場の提供やイベントの告知、食事や宿の手配などいろいろな場面で協力してくれた。

ある時、お母さんグループから、地元の人が楽しめたら外から来る人も楽しくなるのではと、「三八市」のリニューアルを相談され、事務所のスタッフとともにお手伝いをすることになった。常に男性を立て、一歩後ろにいる鳥取の女性たちが自らの意志でリニューアルすることを買って出た三八市は、お母さんたちの新しいつながりからなる手づくり市となり、多くのメディアにも取り上げられ、その後、回を重ねるごとに新しいオリジナルコンテンツが加わり、今では松崎名物となっている。

そんな関係づくりもあって、2011年2月、松崎のお母さんたちにゲストハウスをつくる場所を探している友人を連れて行くよと連絡すると、たくさんの手料理やお酒を用意し、初めて訪れるかじこの三宅君と蛇谷さんを温かくもてなしてくれた。翌日は、歩けば20分くらいで一回りできる小さいまちなのに、代わる代わるいろいろなメンバーがまちを案内してくれた。それはきっと、まちの人たちの彼らに対する期待の表れだったし、「一見なにもないまちに見えるけど、良いところがたくさんあるんだよ」というアピールでもあった。そんな気持ちが伝わったのか、2人はその日のうちに松崎でゲストハウスをつくることを決めた。その後、最初の拠点である「うかぶ」[*9]の家屋を提供してくれたのは、2人が松崎にやってくるのを聞きつけた魚屋さんの若旦那だった。若者がまちにいることでなにか変わる可能性を感じてくれていたお母さんたちが、裏でいろいろ動きまわってくれていたのだ。1年後に見つかった〈たみ〉となる建物

左上：おもちゃ屋うめやの三八市一日限定カフェ。三宅君、蛇谷さんや地元の人たち／左下：屋台づくりワークショップ／右上：松崎での空き家の再生風景／右下：〈たみ〉を応援する岡山のメンバーと交流会

との出会いも、物件が少ない小さなまちで粘り強く力を貸してくれたお母さんたちのネットワークから出てきた話だった。

たみの改修は、うかぶの時と同様に、三宅君や蛇谷さんの友人やアーティストが全国から駆け付けて手伝っていた。私も物件探しから彼らのサポートをしていたので、その流れで改修のアドバイスと、消防署や保健所に出す図面作成などをすることになり、度々松崎に訪れていた。彼らをサポートする地元の人たちがどんどん増えていく様子が、とても嬉しかった。岡山で〈とりいくぐる〉を立ち上げることになる野口明生君と出会ったのも、たみだった。彼は松崎の隣町の出身で、たみの改修工事を手伝いに来ていたボランティアのひとりだった。

たみができたことで、松崎のまちは少しずつ変わっていった。訪れる人が増え、若い移住者が増えた

のは、たみの面白さに加え、松崎の人たちの温かさもあるだろう。三宅君や蛇谷さんは、たみのゲストや移住してきた人たちに、初めて会う地元の人を必ず紹介している。彼らがコツコツと、毎日自然にやってきたことが地元の人に伝わっているのだと思う。たくさんの松崎の人たちから、たみを紹介してくれて本当にありがとうと、今でも感謝される。彼らにバトンタッチできて本当に良かったと思っている。

併設されているシェアハウスの住民も松崎に根を下ろし、シェアハウスを卒業してもたみの近所に住んでいる人が多い。たみのカフェには元住人がごはんを食べに頻繁にやってくる。たみはほかのゲストハウスより、地元のたまり場感があるゲストハウスかもしれない。住まいや仕事の話も、自然とたみに集まる。元住人のひとりである森哲也君が、近くで営む本屋「汽水空港」に人が集まる光景を目にすると、こうして続いていくであろう穏やかな松崎の日常に思いを馳せることができる。彼がまた媒介者となって、松崎に新たな人やモノゴトを運んで来て、まちを豊かにしている。良くするといった気負う姿ではなく、自分たちの暮らしの延長として、自然な風景となっているのが松崎らしい。

２０１６年の10月に起きた鳥取中部地震では、湯梨浜町は最大震度を観測した。松崎では建物の倒壊こそなかったがかなり強く揺れたという。近所の人たちはたみに集まり、不安な状況を励まし合い、たみのスタッフたちはひとり暮らしの高齢者の安否を気遣い、すぐに家まで駆け付け、片付けを手伝ったそうだ。

③ まちを変える頼もしいプレーヤーたち

〈NAWATE〉：プロセスメイキングとチームづくり

あなごのねどこやたみがゲストハウスとしてオープンした直後の2012年12月、岡山でも新しいプロジェクトが立ち上がった。岡山駅の西口から徒歩15分ほどにある、奉還町西商店街沿いに建っている大きな空き家を再生しようというものだ。店舗と元肉屋の作業場、従業員の寄宿舎、倉庫からなる戦後まもなく建てられた建物だ。ファサードには鳥居がへばりついている独特な外観に加えて、長い間空き家になっていたため、老朽化が進んでいた。私が尾道で空き家を再生していることを知る岡山の不動産会社から、改修してなにか面白いことができないかと話をもちかけられたのだった。

この奉還町4丁目は岡山駅の西口にあり、駅前の1丁目から続く商店街の延長線上最奥にあるものの、大きな道路で流れが断絶されていてアーケードもなく、昔からの雰囲気が残る場所だ。駅から近い割には家賃が安い物件が多いので、リノベーションして空間に付加価値を付け賃料で工事費を回収するというやり方は、リスクのあるエリアだった。周りを見渡すと、舗装されていない路地、接道がとれていない空き地、戦前か戦後すぐの古い建物、不動産市場で扱っていない空き家などもあって、掘り起こせば面白い匂いがしそうな場所だった。岡山は、カフェや小さい商店など「目的地」となる場所はあちこちに点在しているが、たとえば、これにも使えるけど、こんなときはこんな使い方もできるねというような、ある意味多目的で創造性を許容する「余地」がある場所が少ない。私はまちに「余地」があることが「まちの豊さ」だと思っている。その余地をこのエリアならつくれるのではないかと思った。継続的にこのエリアを掘り起こそうと「NAWATEプロジェクト実行委員会」を立ち上げ、場所づくりと主体づくりを同時に行うということを試みることにした。NAWATEはこの場所の字名「畷元町《なわてもとまち》」からとった。かじこを経て岡山の事情をよく知っていた三宅君と蛇谷さんにもイベントの企画やデザインなどで関わってもらうことになった。前述したやっちの明石君、たみの改修工事ボランティアを終えた野口君、岡山のウェブデザイナー、シェアハウスの研究をしていた地元の大学生ほか、場づくりに興味がある人たちに声をかけて実行委員メンバーになってもらい、私の主催するココロエ一級建築士事務所が事務局を務めることになった。

傷みの激しいところを減築して大きな中庭をつくるなど、改修のマスタープランはココロエでつくり、定期的に行われた作戦会議では、収益を考えながら「どんなふうに使ったら面白いか」をテーマにみんなでプランニングした。中庭を囲んで小さなお店を配し、残りの部分をシェアハウスかゲストハウスにするというところまでは決まっていたが、ゲストハウスとなると肝心の運営者がいない。それならばとシェアハウスにする案で決まりかけた時、会議に出席していた明石君が、ゲストハウスをやってみたいと名乗りを上げた。そして、たみの改修でゲストハウスに興味をもち始めていた野口君とマッチングが成功し、2人がゲストハウスの運営と建物全体の管理人を兼務することになった。こうして、明石君は転職を、野口

〈ラウンジ・カド〉の前で餅つきをする明石健治さんと〈ラウンジ・カド〉店長の成田海波さんと地元の若者、商店街の人たち。だれにとっても間口の広い場所をつくっている(©Takashi Omori - 旅する写真館-)

君は移住を決断することになった。

2013年7月、再生された建物は〈NAWATE〉と名付けられ、ゲストハウスと五つの小さなアトリエから成る、中庭とギャラリーとキッチンをシェアする複合的な建物となった。鳥居の先の封鎖されていた参道は、ゲストハウスのエントランスと中庭に続く路地になり、ゲストハウスは〈とりいくぐる〉と命名された。

改修工事を手伝いに来てくれていた地元の人たちは、オープン後も常連として集まるようになっていた。運営者の明石君と野口君は、町内会のごみ当番や地域の運動会、商店街のイベントも積極的に手伝っている。彼らの地道な地域活動もあり、宿と近所の商店主さんたちとの関係も良好だ。地元の人とゲストが出会う場面に、私も何度か遭遇した。大きな岡山のまちのなかではあまり見ない場面でもあり、

そうした場がまちにできることが、NAWATEプロジェクトの本当のスタートだと思っている。次なるステップとして2015年の秋に完成した姉妹店〈ラウンジ・カド〉は、とりいくぐるのサロンを広くしたような場所だ。コンセプトは「食べたり、飲んだり、見たり、話したり、歌ったりする場所」だ。どんな場所にしようかと、東京から移住し運営に加わった成田海波さんやとりいくぐるのメンバーと、何度も話し合って出した答えだった。成田さんを店長に迎え、常連、近所の人、旅人、移住者が混在し、特に岡山に移住してきた人たちにとっては、ネットワークを広げるための拠り所の一つになっている。

宿の外へ。広がり続ける小さな変化

彼らのゲストハウスをきっかけにそのまちに移住する人が増え始めたことは、まちへの大きな貢献と言えるだろう。2章でもいくつかのゲストハウスが「移住」との関係について取り上げているように、移住希望者にとっては、単なる旅好きの安宿ではないことが見えてくる。ホテルや旅館と比べ、ゲスト同士やスタッフとの距離も近く、知りたい情報が入手しやすいこともあるだろう。ゲストハウスヘルパーという制度も見逃せない。あなごのねどこでは、ヘルパーで滞在して尾道を気に入り、その後移住するというケースが多い。宿に居ついて、いつの間にかスタッフになっている人もいる。加えて、私もよく出入りしている三つの宿、あなごのねどこ、たみ、とりいくぐるでよく遭遇する出来事がある。いずれかのゲストハウスで会った人と、違うゲストハウスで再会するという場面だ。話を聞くと、多くのヘルパーはいくつかのゲストハウスを渡り歩いているようだ。ゲストハウスの仕事と宿代を交換する仕組みのため、空き時間にはまちを散策することもでき、宿に集まってくるまちの情報も知ることができる。費用をかけずにまちの日常に身を置きながら、じっくりと自分に合った移住先を探すことができる。

本書で取り上げるゲストハウスが、小さなスペースにたくさんの人を収容する収益性重視のカプセルホテル型ゲストハウスとは異なる存在であることは、もう明らかだろう。事業は同じ「宿業」であるが、彼らの宿はそれだけではない。移住の窓口的な役割も担い、地域と旅行者をつなぐ媒介者であり、地域コミュニティを支える担い手でもある。なによりまちの状況をよく知る観察者かもしれない。宿業をはるかに超えている。そして、このオーバーブリッジに私たちの暮らしを豊かにする可能性があるように思う。私の生業である建築の仕事も、彼らの宿業も、直面している問題の構造は同じだ。既存の枠組を越えて、領域を他者と塗り重ねていくようなことが、日常を、社会を、少しずつ変えていくのではないかと思う。

しかし、世間一般のゲストハウスへの理解はどうだろう。2013年には脱法シェアハウスが連日メディアに大きく取り上げられ、彼らの宿も、収益性のために違法に人を泊めるシェアハウスと同じ穴の狢《むじな》のように扱われた。2017年現在も、2020年の東京オリンピックに向けて足りない宿泊施設を補うべく緩和政策が進む民泊が批判の的となり、行き届かない近隣対策や室内でのトラブル、旅館業法の無届など悪質な話が先行した。その矛先は利用者にまで向けられている。ゲストハウスは駅前のホテルが乱立するような好立地ではなく、若者が開業しやすい不動産価値が下がったエリアにあることが多い。スーツケースをガラガラ引いてまちじゅうを歩く旅行者は、テレビのニュースで話題の悪質利用者だと認識され、冷たい視線を浴びることもあるという。

とはいえ、本書で取り上げるゲストハウス運営者たちは、もちろんそんな逆境にもへこたれない。地域や個性を活かし、自分、周囲、地域、社会へと視界を広げている。そうやってたくさんの他者と関わりを増やしながらも、変わらず自分たちの文脈を持ち合わせているからたくましい。だからこそ、彼らの視点は面白い。今ゲストハウスになにが起きているのか。これから読んでもらう2章には、まちに根を下ろして丁寧に宿をつくり続ける人たちの、頼もしい背中がたくさん描かれている。

〈注〉

＊1　眺望の良い山手に豪商たちが建てた邸宅を、尾道で「茶園」と呼んできた。古くから栄えた港町尾道の歴史足跡となる建築。

＊2　元洋品店の空き家を再生し子育てママの井戸端サロンとして再生した「北村洋品店」や空きアパートをアーティストやものづくり作家のアトリエ、ショップなどに再生した「三軒家アパートメント」、ゲストハウスとカフェに再生した〈あなごのねどこ〉と〈みはらし亭〉など、空き家から出てきた廃材を再利用しながら、尾道の若者や移住者、全国から集まる学生などが作業に加わる機会をつくりながら、空き家の再生を行っている。

＊3　行政などが空き家情報を集め、移住者などに情報を提供する仕組み。尾道市空き家バンクの場合は、ＮＰＯ法人尾道空き家再生プロジェクトが窓口業務を市から委託されている。登録された空き家は、ＮＰＯで空き家調査を行い「尾道暮らし」目線で使い方や地域の情報などを間取り図や写真とともにホームページに掲載している。空き家バンクの利用者は、一度尾道の空き家バンク窓口で利用登録すると、そのホームページにアクセスすることができ、空き家の情報を得ることができる。窓口では空き家の所有者と空き家バンクの利用者のマッチングを行っている。

＊4　岡山市奉還町で、複数人のメンバーが古民家を借り、トークや食事イベント、ライブや読書会、写経など、職場や家庭から離れた「放課後」の時間を過ごすような場所を運営していた。２０１１年10月にスタートし、２０１６年1月に終了した。

＊5　AIR Onomichi が運営するカフェ。使われていなかった公民館をアートの交流拠点としてリノベーションした「光明寺会館」内にある。

＊6　Art In Residence Onomichi の略称。アーティスト・イン・レジデンスのサポート団体で、尾道の山手地区で２００７年から始動している。

＊7　ココロエ一級建築士事務所が２０１０年から主催するトークイベント。毎回多様な地域で課題に取り組む先駆者を招き、地域の理解や巻き込み方などを話し合う。

＊8　三八市の出店や眺めの良い東郷池の空き地活用に使えないかと、ワークショップ形式で可動式屋台8台を制作した。

＊9　三宅航太郎君と蛇谷りえさんの運営する会社「うかぶＬＬＣ」の拠点。

■ chapter 2

九つのまちのゲストハウス

1

そのまちに似合う宿をつくる人たち

ゲストハウスは、そのまちのどんなところで、
何をきっかけに始まるのだろうか？
どんな人たちがその場所をつくり、営んでいるのだろうか？
土地柄や人柄がにじみ出すことで、どんな風景が生まれているのだろうか？
まちの日常と営まれる風景。そこにしかない特徴。
心地よい場所と時間。スタッフとサポーター。
ご近所さんや地元民、お客さんとのエピソードなど、
各地で日々磨かれ、数々の魅力が散りばめられた七つの宿を手がかりに、つくる人、つかう人々が織りなす、
それぞれのストーリーへ旅立ってみよう。

あなごのねどこ

40m の路地奥で出会う下町風情の後継者たち

豊田 雅子（とよた・まさこ）
ゲストハウス〈あなごのねどこ〉を運営するNPOの代表理事。1974年に広島県尾道市に生まれ、坂や路地に囲まれて幼少時代を過ごす。関西外国語大学を卒業後、JTBの専属のツアーコンダクターとして海外を飛び回る生活を8年ほど続ける。渡航歴は100回以上。帰郷して結婚後、その経験を活かして尾道らしいまちづくりを提唱する「尾道空き家再生プロジェクト」を2007年に発足し、現在もさまざまな空き家と格闘しながら尾道暮らしを満喫中。

尾道ゲストハウス〈あなごのねどこ〉は、古い港町らしく、朝から人の往来が激しい。

早朝からしまなみ海道へサイクリングに繰り出すゲスト、朝食づくりに追われる宿直明けのスタッフ、裏庭に水をまくインターンのフィンランド人、サロンでのんびりと新聞を読む常連のゲスト、世間話が長くなる酒屋の配達のおじさん、興味本位で路地の奥に入り込んでくる観光客、併設のカフェで厚切りトーストを頬張るゲスト……そうこうするうちに、カフェのスタッフが一人二人と出勤し、いつもの賑やかな尾道の1日が始まる。

40mの路地に迷い込む人々

あなごのねどこは、商店街のど真ん中に位置するまさにうなぎの寝床のような細長い町屋を再生したゲストハウス。もともと呉服屋さんが建てた木造2階建ての町屋で、最後は眼鏡屋さんとして使われた後、長らく全棟空き家になっていたものを「NPO法人尾道空き家再生プロジェクト」[*1]のメンバーで改修した再生事例の一つだ。木造2階建ての2階部分が寝室で、男女別のドミトリーに15人ほどが一泊2800円で宿泊可能。1階の併設の「あくびカフェー」では、軽食も楽しめるが、周りは尾道グルメの宝庫。地元の人との交流を楽しみながら瀬戸内の食文化や下町の風情を堪能してほしい。

奥まで続く40mほどの路地はゲストだけではなく、一般の人も奥になにがあるんだろうと興味本位で入り込んでくる。路地の途中には空き家から出てきた捨てられないものを集めた蚤の市「神田ハウス」や裏

あなごのねどこの間取り図。この間取りの長さを強調した手ぬぐいも販売している

庭の奥には小さな本屋さん「紙片」もある。カフェの利用客にもあえて40m先の裏庭のトイレを使ってもらい、この異様に長い路地を味わってもらう。スタッフも忙しそうに1日中路地を行ったり来たりする。時々お隣の猫もお邪魔する。この細長い路地を通して、いろんな人が行き交う姿があなごのねどこの大きな魅力だ。

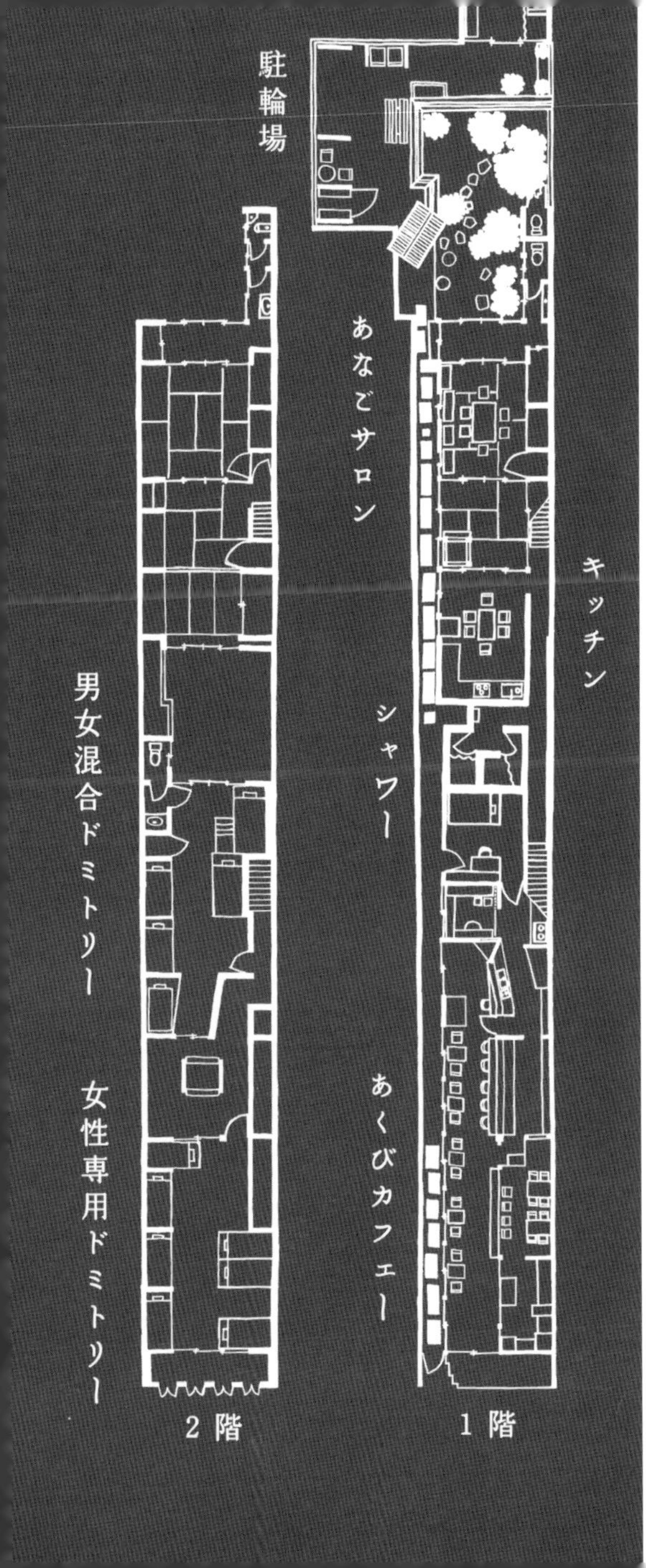

まちの風情に親しめる旅の宿

もともと旅が好きで、学生時代からよくヨーロッパの田舎町をぶらりひとり旅していて、当時1泊2000円くらいの安宿に非常にお世話になった経験がある。安宿と言えどもヨーロッパでは、元貴族の館や元馬小屋など中世の歴史的建物などがユースホステルとして活用されていて、バックパッカーの貧乏学生でもまちの風情を楽しめる。そういった宿泊施設がどのまちにもあった。その後、好きが高じて海外旅行の添乗員という仕事に就いた。世界を旅するなかで気づいたことの一つが、海外で目にする日本のガイドブックには、地元・尾道のまちがほとんど紹介されていないということだった。自分が外国人だったら絶対尾道は穴場なのに……ともどかしい思いを抱いていた。とはいえ、当時日本の宿泊施設はバラエティに乏しく、尾道にも近代的なビジネス

あなごサロンでフィンランドのお菓子づくり

ホテルや良い料亭旅館はあるものの、若者や外国人が尾道の風情や日本の文化、生活感を気軽に感じられるような宿がなかったのも事実だった。いつか尾道に外国人や若者が安く中長期的に滞在できる場がつくれたらいいなと考えていた。

30歳手前で、最愛の母の死をきっかけに、仕事を辞めてUターンで尾道に帰ることになった。それと同時に始めたのが「尾道空き家再生プロジェクト」の活動だった。活動を始めて5年ほど経った頃、たまたま商店街の町屋の物件をまちづくりに使ってくれないかという話が舞い込んできた。常に自転車操業の私たちにとって大きなチャレンジではあったが、地方における若者の仕事づくりと、手つかずの大型の空き家の再生という二つの課題を一気に解決するチャンスと捉え、10ヶ月の歳月をかけてみんなで再生したのが、あなごのねどこだった。もともとの家の良さや古さを活かしながら、古材や廃材、貰い物を駆使してつくり込み、日本の風情や尾道の下町らしい味わいを残しながら再生した。

勢いだけで、みんなで着工！

車の入らない、一見時代から取り残されたような「坂」や「路地」でコソコソゴソゴソと、尾道空き家再生プロジェクトの活動を密かに続けていた私たちが、まさか商店街のど真ん中で商売を始めることになるとは、夢にも思っていなかった。しかも組合などの付き合いが大変そうな歴史ある尾道商店街の一等地で……。

図書室
空き家から救い出した本やフリーパソコン、ロッカーがある。夏は吹き抜けからカフェが見下ろせる
女性専用ドミトリー
鳥かごをイメージした落ち着いた和風の寝室。レトロな縦長の窓からは商店街を行き交う人が見下ろせる。
西日本一長い!!
尾道商店街本通り
イベント
地元のお祭りや土曜夜店にはテキ屋風に店頭販売、年末には餅つき大会も開催!
宿泊受付
あなご小路
全長40mを超える路地。いろんな人が入りこんでくる
あくびカフェー
小学校をイメージして作り上げた旅と学校がテーマのカフェ。お昼は給食風ランチも楽しめ、夜はスクリーンや黒板を使ったレクチャーイベントも開催。
豊田さん
あなごのねどこ

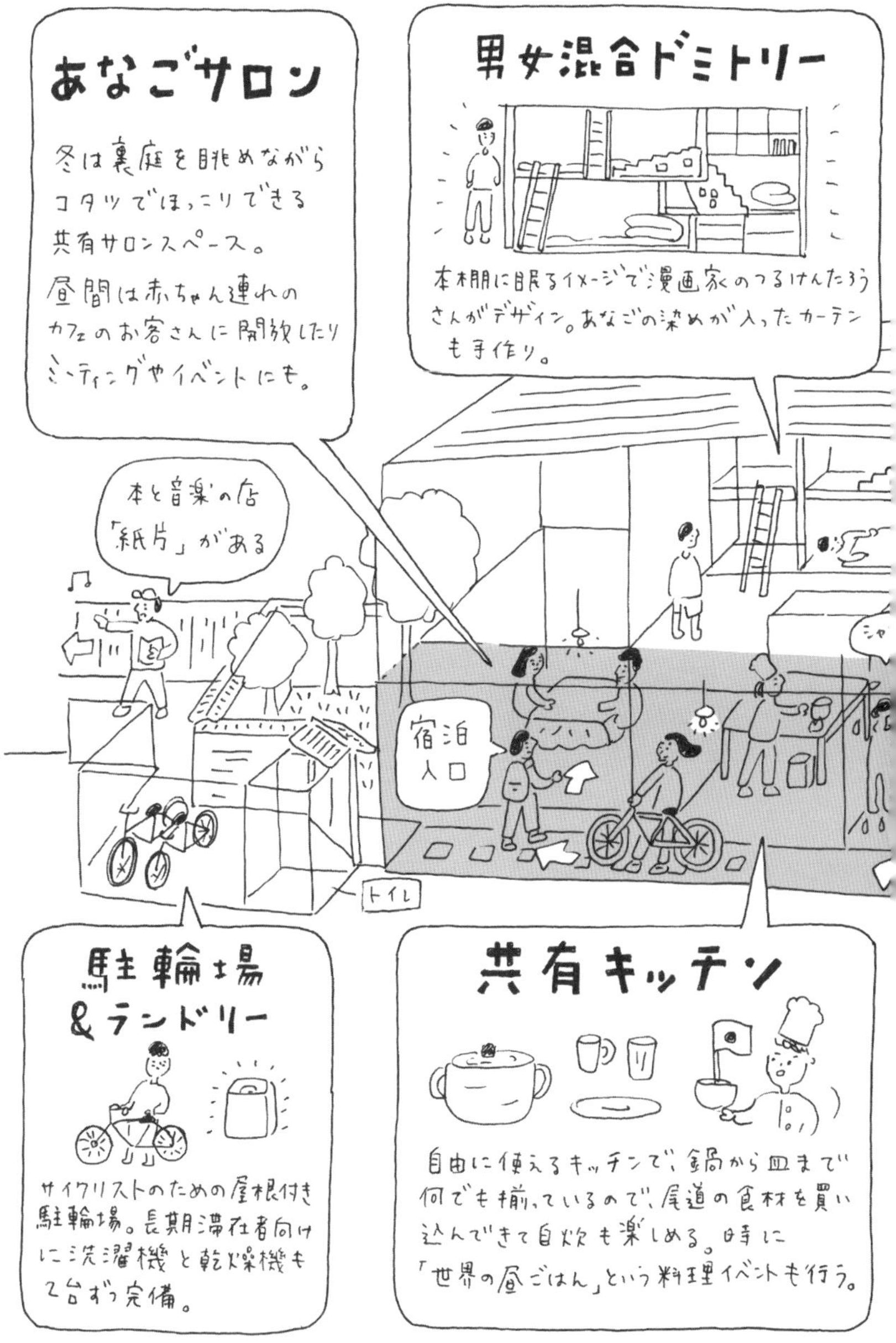

あなごサロン
冬は裏庭を眺めながら コタツでほっこりできる 共有サロンスペース。 昼間は赤ちゃん連れの カフェのお客さんに開放したり ミーティングやイベントにも。
男女混合ドミトリー
本棚に眠るイメージで漫画家のつるけんたろうさんがデザイン。あなごの染めが入ったカーテンも手作り。
本と音楽の店「紙片」がある
宿泊入口
トイレ
駐輪場&ランドリー
サイクリストのための屋根付き駐輪場。長期滞在者向けに洗濯機と乾燥機も2台ずつ完備。
共有キッチン
自由に使えるキッチンで、鍋から皿まで何でも揃っているので、尾道の食材を買い込んできて自炊も楽しめる。時に「世界の昼ごはん」という料理イベントも行う。

それでも、ここ数年増えてきた、わざわざ地方の尾道を選んで移住してきてくれる若者に仕事を生み出せないか、もっと外国人に尾道をPRできないかと思っていた時に、ちょうどタイミングよく浮上したこの物件。商店街のこんなメジャーな場所で、と腰が引けていたが、町屋の奥まで見た後には、そんなこともすっかり忘れていた。その間取りや明治時代から変わらないであろう通り土間やよく手入れされた裏庭の風情に触れ、大好きな尾道の「路地」のなかでも、これ以上のワクワク感をそそる路地もそうそうないのではないかと思ってしまったのだ。町屋の魅力とともにどうにかこの細長い空き家を活かしてやりたいと、やる気がメキメキ湧いてきた。

ちょうどNPOとしても、安定収入を得ることも考えないといけない時期にさしかかっていた。そしてなによりも、この風情は間違いなく外国人にとって尾道の穴場中の穴場になるに違いない！という確固たる自信があり、資金もおぼつかないままに勢いまかせにみんなで着工した。

空き家の再生は今まで通り、外注するのではなく、建築士さんのアドバイスを受けながら要所要所を職人さんにお願いし、デザインと内装は自分たちで行った。おかげで10ヶ月もかかってしまった。ここでキラリと光ったのが、東京から坂の上の空き家に移住してきて、NPOのフライヤーやグッズのデザインなどを手がけてくれていた漫画家のつるけんたろうさんの存在だ。彼のユニークなアイデアで、二段ベッドやカフェの内装はとても面白いものになっている。そして、これまたタイミングよく、廃校の木造校舎の廃材や廃品が手に入り、旅と学校をテーマにした昔の木造校舎の教室のような〈あくびカフェー〉が見事

左上：男女混合ドミトリー／左中：女性専用ドミトリー／右上：あくびカフェーの内装工事をするスタッフの神田太郎。長く湾曲した壁の工事は大変だった／下：冬はコタツもあるあなごサロン

に仕上がった。

工事が完成したら、前日まで工具片手に現場作業をしていたスタッフが今度はフライパンや電卓を片手にゲストハウスとカフェのスタッフに大変身だ。

私がゲストハウスをする理由

カフェの運営は、もともと予期していなかったほどスタッフがやる気を出して、次々とメニューを開発してくれている。現在は宿直やカフェも合わせて、15人前後のスタッフで24時間365日営業している。私も含めて、みんなプロではないのでいつも試行錯誤しながら、どうにかやっている。それぞれの得意とするところや個性が光る場所になることに重きを置いているので、向き不向きがあるかもしれないが、どんな人でもこの場所が好きでやる気さえあれば、スタッフとして起用している。

よく驚かれるのは、あなごのねどこのスタッフは私ともうひとりを除いて、あとはみんな全国からの移住者であることだ。かつての旅人がまた旅人を迎えるという形が定着してきた。決して尾道のことには詳しくないので、案内は不慣れかもしれないが、彼らなりによそ者の目で尾道の良さを感じてくれている。それぞれの視点からまちの魅力を紹介してくれればそれでいいと思っている。

たまにもっと代金を高くして旅館とかにすればいいのにと言われることがあるが、私が簡易宿泊所＝ゲストハウスという形態にこだわったのは、三つの理由がある。

一つ目は、大好きな老舗の料亭旅館が尾道にはいくつもあるので、そこを応援している立場でプロでもないNPOの私たちが邪魔をしてはいけないと考えていること。あくまでも今まで尾道に宿泊していなかった外国人や学生さんといった新たな層をターゲットに控えめに運営するようにしている。

二つ目は、私も学生の頃、海外のゲストハウスにはとてもお世話になったから、せめてものお返しをしたいと思っていること。それにやはり、これからの若い人にもっと旅してほしい。

最後に、ホテルとも旅館とも違って、スタッフと友人のような感覚で接することができる場所が尾道にも必要だと考えたからだ。旅の楽しみは二通りあると思っていて、非日常を感じさせてもらえる「お客様」としてのおもてなしを受ける楽しみ方と、そのまちの日常を垣間見れる住民になったような楽しみ方

あくびカフェーで開催した、尾道空き家再生プロジェクトの勉強会。若い世代が育っている

だ。ゲストハウスではその後者を味わうことができる。若いうちはそれで十分だと思っている。極力セルフサービスで、大したおもてなしはしないが、スタッフやほかの旅人と気さくに会話を交わすことができる。

尾道の拠点としての役割

あなごのねどこの場合、移住を考えて滞在する人も少なくない。移住の先輩であるスタッフとの交流は効果的だ。尾道市と連携して空き家バンク*2も手がけているが、ゲストハウスを始めて、移住者の間口が旅人にまで広がったのは間違いない。最初は旅人で尾道を訪れ、気に入って延泊したりリピーターになったりというゲストが非常に多い。そのうち、カフェスタッフに空きがあったりして取り急ぎうちでバイトを始め、ほかのスタッフと安くルームシェアしながら住み始めているうちに、彼女ができて定職につき、結婚して子どもができて……みたいな流れが日常的に勃発している。あなごのねどこはいわばプラットホーム、いや港町なので、港の桟橋のような場所である。いろんな人が行き交い、そこにとどまる人もいれば、また次のステージへ向かう出発点にもなる。理想はＮＨＫの「ドキュメント72時間」のようないろんな人と人生が交差する場所だ。実際に、「仕事を辞めてこれからなにをしようか模索中です」みたいな自分と向き合いたいひとり旅の人もよく訪れる。沖縄などへの途中下車的に立ち寄ったきり、そのまま居ついてしまうような人も多い。ここでなにかを感じ、次の目標に向かってまた歩き出す。この場所は確実に、尾道に入り込む最初の一歩になっている。

いつも人が居る場所をつくる

そんな若者の人間模様をたくさん見続けてきたなかで、忘れられない出来事がある。オープンして間もない、まだお客さんも少なくスタッフも不慣れな頃、ひとり旅の若い男性が尾道の冬の夜の海に身投げしてしまったことがあった。その日ひとりきりの宿泊客だった彼は、サロンにある旅日記に尾道での楽しかった思い出を書き綴っていた。もし、もっとたくさんお客さんが泊まっていて、色んな交流があったら彼の考えも変わっていたかもしれない。

3年経った今、インバウンドのゲストも増え、お客さんがひとりっきりという日はほとんどなくなった。夏休みや春休みは学生さんで賑やかだし、閑散期と言われていた6月や1月も最近は外国人が多く泊まりに来るようになったりと、年間通して〝人の居る場所〟として、この場所が安定してきたように思う。

最近はようやく、尾道の拠点としての役割が果たせてきたと感じられるようにもなった。お祭りや夏の土曜夜店などの度に、ご近所を中心に商店街の一員だと認識させてもらえることが多くなった。御神輿も寄ってくれる。隣のおばちゃんも最初は訝《いぶか》しがって、そっけない態度だったが、日々の挨拶や節目節目のおすそ分けなどをしつこく続けていたら、最近すごく優しくなった。

そして、なによりも嬉しかったのは、近くの老舗のレトロ銭湯のご主人や老舗バーの奥さんが、最近あ

あくび屋
あげたて
ドーナッツ
150円
フルーツ
400
メロン
揚げ
エビせん
200円
台湾風
枝豆
200円
ジャマイカの
ジャークチキンとポテト
350円
あらびき
ハーブ入り
フランクフルト
200円

ANAGO NO NEDOKO

なごのねどこのゲストがよく来てくれて、経営が上向いたと喜んでお菓子などを持って来てくれたことだ。こちらとしても大好きな老舗の個性的なお店に一軒でも多く続けてもらいたいと思っている。高齢化し、後継者もいない商店が多くなるなか、本来の商売にフィードバックしていけることを実感したときは本当にやっていて良かったと感じる。

次の世代のために温めておく場所

あなごのねどこは、あくまでも寝泊まりするところ。かつて豪華な温泉ホテル同士がお客さんを奪い合った時代があったように、その建物だけが良い思いをするのではなく、ここを拠点にお風呂や食事、観光、サイクリングなど尾道のまち全体を回遊し、機能を分担できる形が理想だ。そうして昔ながらの「お互いさま」のコミュニティを大事にしていけるまちであり続けたいと願っている。

２０１６年の春、今度は大好きな尾道の「坂」に、もう一つの新しいゲストハウス〈みはらし亭〉が完成した。坂の上のゲストハウスみはらし亭は、築１００年に近い、眺めの良い別荘建築だ。尾道独特の茶園文化[*3]のシンボルとして、職人さんの技術とボランティアさん、行政の多大なる協力を得て再生した。実はこのみはらし亭の再生計画は、あなごのねどこより先に上がっていたのだが、上からも下からも石段という条件不利地の上、これまでにない建物規模に贅を尽くした仕上げ……大物すぎて尻込んでいたのだ。5年越しの想いがようやく日の目を見たのである。

左上：あくびカフェーでの日本酒の会／右上：商店街の夏の土曜夜店で店頭販売／下：年末恒例の餅つき大会。相の手を入れる筆者と、あなごのねどこスタッフと地域の人たちあなごのねどことみはらし亭。尾道の路地と坂の魅力を身近に感じることのできる空間を二つ、用意してみた。私たちの世代は、最初に建てた先人の思いを受け継ぎながら、ゲストハウスという共有スペースへと生まれ変わらせた。この先ここがどんな場になっていくのかは、これからの若い人たちに委ねたいと思っている。場を共有し、使いながら、自然と次の世代へ受け継いでいければ最高だ。

〈注〉

＊1　尾道の坂や路地を中心に、旧市街に増え続ける空き家をさまざまな方法で再生活用しているプロジェクトチーム。

＊2　２００９年より尾道市と協働で取り組んできた移住希望者と空き家の所有者をマッチングする仕組み。

＊3　江戸後期以降に港町として尾道が発展した時代。財を成した豪商がこぞって茶園と呼ばれる別荘を建て、お茶や焼き物などを楽しんだ文化。

2016年に完成した坂の上のゲストハウスみはらし亭

1166バックパッカーズ

ご近所さんともてなす門前町の一期一会

飯室 織絵（いいむろ・おりえ）

ゲストハウス〈1166バックパッカーズ〉オーナー。1980年兵庫県出身。カナダ、オーストラリア、日本国内で働きながら10年間で20回の引っ越しを経験。就職で長野県に縁があり、2010年に長野市善光寺門前に素泊まり相部屋の宿泊施設・1166バックパッカーズを開業。ガイドブックに載っている情報だけでは満足できない観光客と地元民を緩やかにつなぐパイプ役を目指す。2012年に結婚、2016年に長女を出産。家事と育児と仕事のバランスを模索中。

門前町の朝は早い。日の出とともに善光寺本堂で始まるお朝事《あさじ》は365日欠かさずに行われ、郷土食のおやき屋さんからも早朝から湯気があがる。「朝の門前、案内します」というページを宿の案内冊子に加えたところ、国内外問わず多くの旅人からお声がかかるようになった。老舗喫茶の和朝食や店主のこだわりあふれるカフェなどでモーニングを取り、寺社仏閣、古い蔵を改装したギャラリー、日本酒の酒蔵や普通の観光客は見過ごしそうな小路などを歩き、また宿へと戻る。

善光寺門前に引き寄せられ始めた宿

長野市の国宝善光寺さんの歴史を紐解けば1400年も前に遡る。昔から女性にも開かれ、宗派も問わず「一生に一度は参れ、善光寺」と言われるように多くの参拝者が訪れる庶民の寺だ。1998年の冬季五輪を開催以降〝NAGANO〟は海外旅行者にも知名度が高く、住民もよそ者を受け入れることに慣れている。そんな善光寺門前と呼ばれる地域で築80余年の民家を借り受け、1166バックパッカーズを2010年10月に開業した。ラウンジや共有の水まわりと、男女混合相部屋、女性専用相部屋、個室が各1室。満室でも14人しか泊まれない小規模ゲストハウスだ。

長野市での開業を決めたのは、季節ごとの観光客数や動向など自分なりの調査と、長野駅近くで生活雑貨店を営む店主との出会いがきっかけだった。お店を訪ねると、店主は手書きの地図を用意してくれ、門前で地域との関係を構築しながら独自の発信をし始めた人々の店舗やシェアオフィス[*1]をマークしてくれた。

立ち寄り先ではみな口を揃えて「門前で開業しなよ」と。数字の面からも出会いの面からも魅力的に映り、2010年6月、当時住んでいた松本市から長野市へ移住。このとき出会った面々は後に1166バックパッカーズ開業に大きく尽力してくれることになる。やりたいことを口にしたことで、数珠つなぎのように人の縁が広がった。

　移住して数週間で宿物件が見つかったのも彼らのおかげだ。「門前暮らし相談所・空き家巡り」[*2]というイベントで訪れたその物件は、一見すると一階は入り口が二つある2軒の建物だが2階部分はつながっている珍しい造り。骨董品屋、クリーニング店、旅行業者の事務所と変遷を辿る1階に、住居を併設させるという増築に増築を重ねた結果だろう。ピンと来たわけではなかったが、ほかの参加者から「小さい部屋がたくさんあって、ゲストハウスにちょうどい

空き家当時の外観。内覧する人は多かったが、駐車場がないためなかなか成約に至らなかったそう

ラウンジで知り合った一人旅同士が、リピーターとなり再会することも

いじゃない」と言われ、話を進めてみることにした。大抵の大家さんは、外国人や不特定多数の人が泊まるゲストハウスという業態に良い顔をしない。これまで同様今回も断られるだろうと臨んだ大家さんとの交渉は意外にも「面白そうだね。改装も好きにしていいよ」。ネックだった家賃も快く値下げしてくれ、そこからはトントン拍子にことが運んだ。長野市に引っ越して、わずか1ヶ月足らずの出来事だった。

「視野が広がる場所」をもちたい

遡るが、学生時代は地元の関西で過ごした。遊園地やプール、水族館などレジャー施設や観光地でのアルバイトに時間を費やした。どれもある程度のポジションを与えられ、合間に出る大学の授業で要領よく単位を取る学生生活を送るも、就活の波に乗れず卒業後は半ば逃げるように海外へ。渡航先のカナダで見つけた仕事はロッキー山脈の南の玄関口・バンフでの現地ガイド。日本人団体旅行者に、山や湖、氷河などを案内した。その後オーストラリア・ブリスベンで日本人留学生向けの月刊誌を出版する編集社に就職し、取材や執筆、撮影を行った。仕事の合間に長期で休みが取れればバックパックを背負いひとり旅。カナダやオーストラリア国内に飽き足らずヨーロッパも周遊。期限も目的も決めず渡航したが、ビジネスビザが下りたこともあり、気づけばトータルで3年滞在。海外生活に満足し帰国するも、満員電車に揺られ、デパートのセール品に列をなし、携帯電話の着信音に束縛される生活には戻れず、長野県松本市・上高地にある旅館に就職した。住み込みなので通勤時間なし。山岳リゾートなので周りにあるのは土産物店が数店舗。Wi-Fiも届かない環境で旅館業を3年学んだ。

宿泊業はお客様と関わる時間が長い。これは物販や飲食店の比ではない。お客様の服装、持ち物、言葉、表情などを観察し「この人はどうしてここに来たのだろう」「今、なにを望んでいるのだろう」と想像しては、一人ひとりに合わせたお声かけを努める。今も宿泊業では欠かせないおもてなしだと思っている。

そしていざ30歳を迎える年に今後の展望を考えたとき、海外生活で体験した「視野が広がる場所」をもちたいと思った。また、その土地の案内、見どころの紹介、インタビュー、執筆、撮影、発信、予約コントロール、観光客とのやりとりなど、浅く広く培った経験を活かせる職業を考えたときに出てきた答えの一つが「ゲストハウスの運営」だった。

地域と関わりながら、なりたたたせる

予約受付やまち案内といったソフト面は経験からなんとかなると思っていたが、改修作業などハード面の知識や経験は皆無だった。幸いにも少し前まで住居として使われていた1階奥と2階は畳や障子を変える必要すらなく、二段ベッドや布団があればすぐにでも営業できそう。荒れた1階は大工さんに入ってもらった。天井板を一枚落としてもらうと、こげ茶色の味のある梁が現れた。部屋の中央に宿泊者全員でかこめる大きなテーブルを、もともと台所だった場所は給排水が生きていたため洗面所につくり変えてもらった。当初土足を想定した床も、根気よく磨けばツヤを出し、裸足で歩いても気持ちが良い。建具やトイレの便器、ラウンジのスツールなどは移住のきっかけにもなった門前の知人たちが譲ってくれた。内壁や外壁は同じ町内の荒物屋さんでペンキ一式を購入し、見よう見真似で自分で塗装。毎日ペンキまみれの服で現場に出ていると、ご近所さんから「塗り終わったら、うちの壁も塗ってよ」なんてお声がかかったり。そうしながらご近所の人とも仲良くなっていけたのかもしれない。

営業許可は下りていたもののまだ少し塗装が残っていたある朝、玄関にバックパックを背負った男性が立っていた。チリからの旅人だった。「泊まりたい。まだ泊まれないなら、どこかほかの宿を紹介して」と言われ、悩んだ末にその日を開業日とした（だから、実はいまだに一階の一部に塗り残しがある）。その日を境に欧米やオーストラリアから多くの外国人が訪れた。それまで長野市に英語対応ができる安価な宿がなかったのが大きな要因だろう。引っ越してから物件に出会うまでも早かったが、物件を借りてからも

壁はまちになじむベージュ色に塗装、アルミ扉は木製に。開業前、近所のおばあちゃんに塗装屋だと思われていた

1ヶ月半というスピードでの開業だった。慌ただしい日々のなかで私自身も少しずつ長野市のまちや宿の運営に慣れていった。

開業当初は外国人ゲストが大半を占めていたが、この数年で日本でもゲストハウスの知名度が上がり、今は日本人が6割。初めてのひとり旅や初めてのゲストハウス宿泊も多いので、旅人同士や近所の人たちが自然と交流できるようなイベントも意識的に行う。月に一度開催している「みんなで朝ご飯」は宿が月ごとに白米または食パンを無料で提供、参加者はそれぞれに合ったおかずを一品持ってくるというルール。近所の人たちが数日前から仕込んだ手料理を振舞ってくれ、旅人も負けじと宿のキッチンに立つ。外国人ゲストは白米の会にも関わらず牛乳やバナナを持ってきたり、初めて納豆を口にすることも。2015年は善光寺さんで7年に一度の御開帳が執り行われたため、稼働率は80％と高かった。2016年は少し落ちたが、そもそも稼働率や売上で右肩上がりが続くとは思っていない。それよりは「泊まりたい」と思ってくださる方が増えることや、そういう方に気持ちよく泊まっていただくためになにができるか、また来たいと思ってもらうためにはなにができるかを考えて営業をしたい。予約サイト経由の予約には宿泊費の12～15％の手数料を支払うが、自社サイト経由の予約が増えると手数料もなくなり薄利多売も避けられる。「予約サイトで一番安かったから」ではなく「ここに来たかった」という旅人を迎えるほうが我々の気持ちとしても経営面でもゆとりができ、良い循環が生まれる。

上:朝ごはん会。この日は食パンに合うものがテーマ／中左:筆者の父作の操り人形／中右:相部屋はカーテンで間仕切りされる／下:玄関入ってすぐがラウンジ。宿泊者が顔を合わせる

宿泊スペース
女性相部屋は朝日が気持ちいい。新しい一日の始まり。
朝の門前案内
Drink
Food
This is....
Temple
ガイドブックにはのらないようなローカルの立寄場所を案内。(要望に合わせて英語でも)
天井にコンセント
元クリーニング店だった名残が随所に。ここから業務用のアイロンがぶらさがっていたのだろう。
隣家
元スタッフが住んでいるため何かと心強い。時折ガレージを解放して持ち寄りの「お隣カフェ」が開催される。
オーナー
玄関先
ラス戸で通りから丸見え。
者とのおしゃべりを楽しむ近所の
ばあちゃんたちの立寄りスポット。
は花火に夕涼み、冬は雪かき
体験できる。
飯室さん
1166バックパッカーズ

キッチン
天ぷらやクリスマス、
ディナーまで生み出した
小さなキッチン。
中に入りカウンター越しに
旅人と会話すれば
気分はバーテンダー。
Hello!
WHAT TO DO
ベランダ
2F
朝ごはん会
月に一度、宿泊者と
ご近所さんがおかず持ち寄りで一緒に
朝食。料理男子
が集まる。
ラウンジ（天井ぬりのこし）
泊めて
え
え？
開業間際の朝、玄関にバックパックを背負
った旅人。旅「泊めて」、私「え、まだ準備中…」
旅「じゃ、他を紹介して」、私「いや、ないから作っている
わけで…」急遽オープンすることになり、その名残
で未だ塗装が途中になっている箇所がラウンジに。

チームで運営する難しさと面白さ

もともとひとりで運営するつもりだった1166バックパッカーズだが、3年目からは稼働率も上がり有給のアルバイトスタッフを雇うことに。今は北海道、岩手県、徳島県出身の3人が一緒に働いてくれている。ある程度の責任が発生する仕事も任せているため、最低でも1年の雇用期間を設けている。宿泊業未経験の彼らに一から業務を覚えてもらうのは大変だが、それ以上に必要だったのは、県外出身の彼らと宿のコンセプトを共有し、1166バックパッカーズ独自の視点で旅人にまちを案内できるよう、自らまちへ出て知識を増やすことだった。当たり前だが、良いチームをつくるのは、時間がかかる。

一方、新しい風が入るとそれぞれの趣味や交友関係を通じていろんな角度からの情報提供ができる。たとえば宿で勤務する傍ら舞台に立っていたスタッフは近隣での演劇情報などを旅人に紹介する。演者の宿泊や、彼らの友人や家族が泊まりに来る機会も増えた。また私自身も業務をある程度人に任せることで、ひとりで運営していたときにはできなかったイベントの開催やまち歩きの案内人、時折依頼のある県外でのトークイベントにも登壇できるようになった。

アルバイトスタッフには各々週2、3日程度の勤務をお願いしている。うちも例外ではないが、飲食店や物販など個人の小さな商売では正社員を雇ってその人が生活できるのに十分な給与を払い続けるのは難しい。それよりは週末だけ、ランチタイムだけと、ピンポイントで手伝ってくれるアルバイトを雇用したい。そうした店舗のニーズをうまく組み合わせ、2、3店舗で掛け持ちをしながら視野を広げているスタ

上：まちのイベント情報も提供／下：スタッフ研修では現地の友人にアテンドしてもらうことも

クリーニング

ッフもいる。採用となり移住しても、宿直室に住み込めば初期投資や生活費がほぼかからないので、インターンとして自分の興味のある場所に通うスタッフもいる。それぞれ将来を考える時間にしているようだ。私も自分の熱が向くことへ触手を伸ばし、その時々に働き方を自由に選択した20代で学んだことは大きい。

まちの人と旅人のあいだで

ゲストハウスに泊まる旅人は「地域に片足を突っ込みたい」だとか「自分の目で、肌で、そのときしかない旅の醍醐味を味わいたい」と思っている。たとえば手押し車を押し散歩に出かけるおばあちゃんに会えば嬉しそうに挨拶を交わし、町内の小さな和菓子屋さんで買い物を楽しむ。旅人とおしゃべりがしたいと地元民がラウンジに顔を出すことも多い。うちで働くスタッフに限らず、このまちを気に入り通ううちに、移住を決意する旅人を何人か見た。転勤など縁もゆかりもない土地にいきなり移住するパターンもあるだろうが、その土地に自分が関われる隙間を見つけ移住した。彼らは今、長野市で就職をしたり、門前で飲食店を構えたりしている。数年間だけ長野市に拠点をもち、県内の中山間地へ住処を移す人もいた。旅と移住は同じ線のうえにあるのかもしれない。門前という小さいエリアでは、声をかければいろんな情報が集まってくる。たとえば空き家情報ならこの不動産屋さん、建築ならこの人、飲食店の開業ならこの人、というように。面白い移住者ならぜひ、という気持ちがあるからか、この数年、門前にはIターンやUターンなどで20代から30代くらいの若い層が多く移住しては、カフェや本屋、雑貨屋、工房など個性溢

上：スタッフと筆者（手前左から２人目）。スタッフの家族も一緒に研修旅行へ／下：長野の観光情報だけでなく、リトルプレス、旅、働き方などに関する本が並ぶラウンジの本棚

NAGANO

旅情報をシェアしたり、一緒に飲んだり。ゲストハウスでは夜中を通して旅が続く

れる小さな場を営み始めている。自分たちが心地よく住み働く環境としてこのまちを選んでいるのだろう。人が住み、営むことで活気が出る。それを見てまた人が集まる。その相乗効果がまちを面白くしているように思う。近隣に善光寺さんのような陽のあたる観光スポットがあることで一定の宿泊客が望める部分もあるが、ゲストハウスの魅力はここに広がるまちや人と、来訪する旅人をどう結びつけられるかも重要。双方の間にどうやって立っていけるか。1166バックパッカーズはこれからも両者をつなぐパイプ役としてこの場所を営んでいきたい。

〈注〉

＊1　2009年にパスタと自然派ワインの店「こまつや」、古本・雑貨の販売やワークショップ、展覧会を行う「マゼコゼ」、元ビニールの加工場をリノベーションしたシェアオフィス「カネマツ」などが門前でスタートを切った。

＊2　長野・門前暮らしのすすめ主催の第一回目のイベントに参加した。門前の賃貸可能（もしくは賃貸の可能性あり）な空き家・空き店舗をみんなで見て回ろうというイベントで現在も月1回の頻度で開催中。

あわくら温泉 元湯

子どももお年寄りも！ 笑顔が集う山村の温泉宿

井筒 もめ（いづつ・もめ）

ゲストハウス〈あわくら温泉 元湯〉の女将。1984年兵庫県神戸市生まれ。京都の大学生、大阪の専門学校生、神戸の会社員として京阪神でたっぷりお世話になった後、2009年より岡山の田舎で暮らし始める。自宅を開いてイベントを企画したり、田畑やご近所を耕し、旬のものをいただいたり、獣をさばいて食したりと里山の暮らしを楽しんできた。ひょんなことから岡山東部を北へ北へと漂い続け、現在3ヶ所目の田舎、最北東部の西粟倉村に漂着しゲストハウスを営むことに。2児の母。

暗闇のなか、川を挟んで向い側に、ぽっと温かい光の漏れる大きな家がある。そこが我々「村楽エナジー株式会社」の運営する〈あわくら温泉 元湯〉だ。子どもがなにやらあちらこちらで遊び、大人がお酒とともに食卓を囲んでいる姿が見える大きな開放的な窓の中の温かな風景には、だれかの家のリビングを覗いているような感覚を覚える。「ああ、なんて良い風景をつくっているんだ」と、アルコールの混じった身体を夜風で冷ましながら手前味噌に浸る。普段、ほとんどの時間この灯りの下にいたから気づかなかったけれど、街灯もほぼなく月明かりが頼りの真っ暗な店の前の橋を渡って、川向こうまで散歩にでたら、この灯りが途絶えた時期に想いを馳せることができた。現在で1400人程度の人口の村に、1972年に開業して以来、この地区の方々が「老人憩いの家 元湯」として、日帰り温泉、宿の機能をもたせながら運営し、2011年までその歴史は続いていた。4年間の空白の時を経て、私たちがゲストハウスとして再生することで、ここに灯りを取り戻せたことが素直に嬉しい。

薪ボイラーで沸かす温泉宿

2015年にリニューアルオープンした〈あわくら温泉 元湯(以下、元湯)〉は、ゲストハウス・日帰り温泉・カフェ&レストランの三つの顔をもつ。玄関を入って目の前にあるのは、子どもの部屋のように明るくカラフルな空間のカフェ&レストラン。日帰りのお客様も宿泊のお客様も同じ空間で飲食を愉しむ。温泉ならではの「番台」は、すべての受付場所。番台の奥にはキッチンがあり、スタッフはほとんどの時間、ここで仕事をして過ごしている。必ずお客様がスタッフと接点をもてるように券売機は置かないなど工夫した。番台の横には「こどもばんだい」という本棚の中に入れるような空間があり、そこではほぼ100%の子どもが長居して遊ぶ。番台から浴場に向かう廊下に6~12畳程度の客室が合計五つ。そのほかに大部屋もあり、畳に雑魚寝する形式の相部屋として利用している。全体だと多い時で30人程度の収容人数だ。

宿泊のお客様のなかには、元湯がある西粟倉村への視察を目的に来られる方も多い。岡山県の西粟倉村は、木材加工業を皮切りにさまざまなベンチャー企業が立ち上がっている地域の一つとして近年注目され、年間約1500人もの視察者が訪れている。元湯のリニューアルオープンに際し、村が期待していたことの一つが、近年増えつつある訪問者の宿泊

川の向こうから元湯を見た風景(© 片岡杏子)

温泉。村内の木工職人集団「ようび」の協力を得て製作したオリジナルの椅子が並ぶ（© 片岡杏子）

先を増やすことであった。

ところで、ゲストハウスの運営会社の名前に「村楽エナジー株式会社」と、エナジーが入っていることに引っかかる人は多いだろう。エネルギー会社が宿の運営を引き受けるきっかけとなったのは「薪ボイラー」である。元湯の温泉は源泉が14度と低く、ボイラーで加温する必要がある。西粟倉村では2013年、村の面積の90％以上を占める森林資源を活かすべく、村にある3ヶ所の温泉施設のすべてを灯油ボイラーから薪ボイラーにシフトする方針が決まった。その時点で元湯は廃業中で、次の経営者を探しているところだった。

熱エネルギーの供給だけじゃなく場の運営自体を引き受けた方が面白くなりそうだ、と、気がついた時には、代表の井筒耕平が村に運営の担い手として申し出ていた。

家に手があり愛情が豊富なれば

この施設は村の所有物なので、指定管理者になるには割とややこしい手続きが必要で、多少時間を要したが、２０１５年の４月にはオープンさせようと自分たちで締切を設けた。たしかそれは２０１４年８月頃だったように思う。その時点では、元湯を運営するのに必要なスタッフは皆無なうえ、２歳児と生まれたばかりの０歳児を抱えて引っ越しの荷解きをしているくらいのタイミングであった。１年後の開業にむけたスタッフの募集と、コンセプトメイク、ＤＩＹ、全く手筈を知らない宿業の基本知識の収集などすべて同時進行でスタート。赤子を背負いながら授乳室を桃色の珪藻土《けいそうど》で覆うための左官仕事をしたり、２歳児がお手伝いと称してペンキをまき散らしたりと一歩一歩大変ではあったが、その状況から自然と、「子どもが中心の宿」というコンセプトは決まっていった。

元湯はなにより、子どもを連れた家族が滞在しやすいゲストハウスを目指している。これまで、「子連れ当事者」である私自身が旅行先でゲストハウスに泊まろうと思っても、年齢制限があるところも多く、泊まりたくても泊まれない寂しい思いを募らせていた。自分がつくるゲストハウスは、絶対に子どものいる家族やグループを歓迎する場所にしようと決めた。子どもの笑顔が中心だけど、そのためにはお母さんや子と関わる大人が満たされることも大事。大人がワクワクしながらくつろげるカフェ＆バーのような空間と、子どもが楽しめる空間を同時に実現することを重視した。天真爛漫、いたずらっ子である子どもの動きを、母親たったひとりでなく、みんなで見守るような社会を、小さなゲストハウスから表現していき

カフェ&レストラン
美味しい！
朝ごはんもしっかりつくるのが特徴。
お風呂を沸かすのと朝ごはんの支度で
スタッフの朝は早い。
かまど
子どもたち
オーナー娘の誕生日プレゼントに買った
木のおもちゃ「アイスクリーム屋さん」
が置いてあるため、
「アイスいりますかー？」と
子どもと、大人（親に限らず）
の会話が始まる。
手前はカフェレストラン
おくどさん
バー
こどもばんだい
パーゴラの下に人が集まる
薪
ハンモック
デッキ

浴場
日帰り入浴は近隣の年配の方が多い。お風呂で宿泊の海外のゲストや若者と多世代異文化交流が。
薪ボイラーへ
温泉を沸かす。元湯のスタッフは、温泉かまど、薪ストーブの3ヶ所と、近所にある2ヶ所の温泉の薪ボイラーへの薪投入も仕事のひとつ。
宿泊
家族連れやビジネス利用など個室利用が多い。
薪ボイラー
すだれ
あかくら温泉 元湯
庭
すぐ前に川が流れている
塩谷川
元湯
井筒さん

たい。エントランス正面のすぐ目に入る黒板にはそんな想いを、文化人たちの言葉を借りて、意思表示している。「家に手があり愛情が豊富なればだれかがそれとなく見ている（民俗学者　柳田国男）」と。

宿育てと子育ての葛藤

実際、元湯の子ども2人は、初対面同士の緊張しがちな大人の空気を良い意味でぶち壊しまくり、「子どもが中心」の場を無邪気につくりだしている。「お客さんと風呂入ってくるわ！」と、キッチンにある適当な手ぬぐいを肩にかけて1日に何度か風呂場へと消えていくことや、お客様の食卓にごくごく自然と混じり一緒になにかを食べているということもしばしば。

正直、幼い子を育てながらの宿業は至難の技だし、おすすめはしない。子どもの幼稚園の準備をする時間、お腹が空いてむずかる時間、夏休みなどの長期休暇は、宿業の最も忙しい時間帯とまるっきり重なる。「仕事と子育てを両立している逞《たくま》しい母親」と見られがちで、その都度、それ自体を私のブランディングに利用しているんじゃないかという罪悪感と、子どもや周囲への謝罪の念が、心中でぐつぐつと煮炊きされる。子育てなんてほとんど私の力は及んでいない。とはいえ、そもそも、子どもなんていうエネルギーの塊は、一人や二人の大人で抱えきれるもんじゃないと思っている。父母それだけの愛情が絶対的であるというしたり顔の言説が、昨今の子育てに纏《まつ》わる歪みや悲劇をもたらしてると感ずることがある。それゆえ、元湯のエントランスに堂々と書き記した柳田国男の引用と、わが子があらゆる来客やスタッフからの

上：エントランスすぐ。ゲスト全員が必ず通る場所。最も人が集い、賑やかになる（© 片岡杏子）
下：筆者と２人の子どもたち

愛を自ら引き出して一身に集めている姿が、私の母親としての救いであるし、元湯の運営者としての誇りなのかもしれない。幼い子どもを引き連れてやってきたお母さんが帰る頃には、なにか憑《つ》き物が落ちたような穏やかで清々しい表情に移ろっているのを発見した時は、この場の存在意義を感じるし、まだまだこのような場所が世の中に足りないんだろうという感覚を得る。

〝おうちご飯〟からのスタート

この宿の再オープンにあたっては、たくさんの課題があった。まずは、古びた建物の改修だった。改修の設計は友人の建築家、安部《あべ》良《りょう》さんに依頼した。元湯の運営に関わることになる少し前に知り合い、彼がいつか多世代の集う風呂を設計したいと言っていたのを覚えていて、声をかけたのだ。東京に事務所を構えながら、西日本での仕事も多い彼は、西粟倉が決して〝ついで〟に寄るようなアクセスの良い村ではないにも関わらず、仕事〝ついで〟に立ち寄っては、美味しいご飯とお酒がある元湯という新たな宿のイメージをたくさん膨らませてくれた。彼の代表作でもあり改修を依頼するきっかけにもなった香川県豊島の〈島キッチン〉は、「食を通じて老若男女が集う開かれた場」というコンセプトがある。かつて島には旅人が外食できる場所がなかった。空腹で辿り着いた先の民宿で、「なにも食べてもらえるようなものはないんです」と言われた後、襖の向こうで宿の家族が夕食をとっている様子を見て「それでいい！　それでいいから食べさせて！」と思ったというエピソードを良さんから聞いた。うちの村も周辺の条件はそう変

左上：ロゴは村内の同世代のデザイナーに依頼／左下：大人も子どもも揺れるハンモック／右上：神戸北野のシェフがレシピ開発したカフェのメニュー／右下：近所の人たちが飲みに来ることも（© 片岡杏子）

わらない。車がある人ならまだしも、ない人はほかで食べる場所なんてない。

　とはいえ、ゲストハウスで料理まで提供することは正直躊躇《ちゅうちょ》していた。一気に仕事量が増えるし、仲間に料理のプロはいない。それでも「おうちのご飯みたいなのでもいいから！」と言う料理好きの良さんの励ましで、ご飯を提供することを決めた。今思うのは、美味しいものがあると人は集まるし、長くその場に滞在してくれるということだ。やはりご飯を提供して良かったと思う。

裸の社交場

　家庭料理でもいいから出そうという心持ちからスタートしたものの、途中からプロの力を借りるようになってクオリティの高みを目指すなど、ゲストハウスにしては、運営がハードな方だなあと、いつも

思う。温泉もあり、ご飯も提供していて、さらには日帰りの営業も行っている。スタッフは随時入れ替わりやアップデートがあるが、だいたい正社員（元湯専属、非専属含む）4人程度と2〜3人のアルバイトスタッフが関わっている。別途、インターンシップやヘルパーなども不定期に来てくれている。まだまだ始まったばかりなので傾向などは測りづらいが、やはりゴールデンウィークやお盆などハイシーズン時期は日帰り入浴も含めてお客様が多く、体力勝負だ。お客様の層が多種多様なのも、元湯ならではだ。こぢんまりしているけれど古くから根強いファンのいる温泉なので、年配のお客様も多い。リニューアルオープンをしていることも知らないまま、昔のパンフレットを見てお電話で宿泊のご予約をされる方もたくさんいらっしゃるので、雰囲気ががらりと変わっていることを丁寧に伝えてギャップに驚かれないよう心がけている。ご予約につながる／つながらないという選択に至るのは、「お部屋にテレビがない」「懐石料理はない」「子どもがたくさんいて賑やか」というボーダーラインである。実際にお越しいただいた日は、ほかの利用者に「今日は年配のお客様もいるから」と就寝時間にカフェで賑やかにしすぎないようにお願いする。ゲストハウスで、ほかの利用者がうるさくてクレームが来るなんて経験がない、とほかのゲストハウスを運営する友人が言っていて驚いたものだ。

それでも年配の方々がリピートしてくださる宿だからこそ体験できる、思いもよらない嬉しいひと時もある。ある時、近隣で約50年酒屋を営んでいたご夫妻が、体力の限りを感じて店を畳んだ翌日から、元湯に2泊してくださったことがあった。そのエピソードはご夫妻からではなく、ご夫妻の奥様と一緒にたまたま温泉に浸かっていた日帰りのお客様から伺った。すぐさまスタッフに伝えると、近所を歩き野花を摘んで花束に仕立ててくれた。ご夫妻の夕食の配膳とともに、「50年間、お店お疲れさまでした」と労いの花束を差し出した。奥様は、なぜそれを知っているのかという驚きとともに言葉を詰まらせ目頭を押さえて涙した。裸の社交場があって、お客様とスタッフの距離感が近い、元湯だから生まれた美しい時間だ。

多様さを受容するための試行錯誤

オープンしてから2年目を迎えている。基本の精神は不変であるが、運営については、日々、試行錯誤して柔軟に変容させている。今までは、そこで働く人にスポットを当てたような店づくりであった。だが人の人生は移ろいゆくもので、人に場の力を委ね過ぎるのも不安定である。場自体に力をつけていきたいと思うようになった。具体的には、働いている人を全面に出していたブランディングから、「子どもの笑顔が真ん中にある大きな家」という場のコンセプトを前に押し出したブランディングへの移行を緩やかにスタートさせた。

また、働いているスタッフが充足感を得られるような勤務体制、組織編成も日々見直している。こちらはなかなか難しい。労働のスタートは早くて6時、繁忙状態は時間帯により異なるので途中空き時間があるにしても遅いと22時過ぎまでの勤務に加えて宿直も必要。それを交代制にしているが、まちなかではないので、そもそもアルバイトスタッフ自体を探すのが難しいし、移住を伴う場合の家探しも簡単ではない。

だれかの家のリビングのようになることもしばしば（© 片岡杏子）

どんな体制が理想なのかは日々試行錯誤ではあるが、この体制の黄金バランスが決まれば、この場はもっと安定的に育っていくんだろうと思う。安定しない状況だからクリエイティビティが発揮されることもあるし、なにが正解かはわからないけれど、その時々の最良を積み重ねていく先に、元湯という場が存在し、この場所の意味をその時々に解釈していくのだろう。

できれば、元湯の空気に触れた人々の心の多くに、幸せな風が通り過ぎていっていてほしい。そしてこれからも、元湯という、子どもやお年寄りといった多様な存在を受容する場づくりを、世界に向けて表現していきたい。

元湯の土台がようやくできたかなと思った開業から1年ちょっと経った頃、次は、香川県の豊島での元・乳児院をゲストハウスとして再生する運営者に会社として名乗りを上げていた。社長の大号令、「オープンは次の春」。またか、またやるのか。……そうだな、この場に命を吹き込むなら、コンセプトは……。ゲストハウスづくりの旅が、また始まったのだ。

Column

ゲストハウスプレスが探す〝日本の旅の、あたらしいかたち〟

ゲストハウスプレス編集長
西村 祐子

ゲストハウスプレスは、２０１３年よりスタートしたフリーペーパーとＷｅｂサイトを中心に、FacebookやInstagramなどのＳＮＳで構成するメディアである。

主な内容は宿のオーナー・スタッフへのインタビュー。特にフリーペーパーは1冊1宿を特集し、通常のガイドブックでは触れられることの少ない、宿主がゲストハウスをつくった理由や意義、まちへの想いなどを紹介し、全国のゲストハウスを中心に配布を行っている。

その土地に行くだけでなく、そこにいる人に会いに行く旅

「日本の旅の、あたらしいかたち。」と掲げるゲストハウスプレスの役割は、旅という言葉がもつ概念の再構築ではないかと思っている。通常、旅行や観光の主な目的は「どこか風光明媚な場所へ行って、なにかを見て、体験すること」がそのほとんどではないだろうか。けれど、ゲストハウスにはそれに加え、そ

こに住む人、働く人、同宿の旅人に出会い、時には語り合って友人になったりすることさえある場所だ。その場所に行くだけでなく、土地に深く根ざした人に会いにいける。カフェやなにかの体験施設でも、そうした出会いが起こることもあるけれど、ゲストハウスでのそれは、確率的にかなり高い割合でそんな偶然が起こりうる。

その宿が気に入って、通うようになり、その土地が気に入って、住みたくなる。ゲストハウスが媒介となって、移住や職探しの相談さえするようになる。癒やしや一時しのぎの旅ではなく、その人の人生を変えてしまうような、広い意味での旅が始まる。見たこともない風景やしたこともない体験をする以外に、今まで出会ったことのない人と出会い、話す。その装置としてゲストハウスは、大きな可能性をもっている。

フリーペーパーは全国約 50 ヶ所のゲストハウスなどで配布

ひとり旅の気ままさも、だれかと話す楽しみも

東日本大震災が起こった2011年前後に、現在につながる地方のゲストハウス開業ラッシュがスタートし、私自身もその頃から全国各地に増えてきつつあるゲストハウスに好んで泊まるようになっていた。

その理由は二つ。一つ目は、「ひとり旅でも楽しめる」こと。元来旅好きな私は、国内海外問わず、パッと時間ができれば小旅行に出かけていたのだが、国内でそうした思いつき旅をする際は、ひとり旅お断りの旅館も多いなか、予算的にも味気ないビジネスホテルに泊まるか、車で出かけて車内泊するようなワイルドな選択肢しかなく、昼間はともかく夜がちょっと寂しいという問題があった。

ところがゲストハウス泊の場合、素泊まりで安価なうえ、宿のスタッフが穴場の観光スポットや食事処などをおすすめしてくれることが多く、これが大いに役立つのだ。時には、同宿・同部屋になった人と夕食を一緒に食べに行くということも、ごく自然に当たり前のようにあり、旅の楽しみ方が大いに広がった。帰ってきても「おかえりなさい」と迎えてくれるスタッフや旅人。持ち込んだドリンクやおつまみを片手に話が弾むこともあれば、静かにソファで本を読んだり、明日の予定をネットで調べたりできるラウンジがある。ひとり旅の気ままさと、だれかと話す楽しみが共存できるのがゲストハウスのよさである。

宿はまちのコンシェルジュ

二つ目は、「旅の楽しみ方が爆発的に増える」こと。リゾートホテルや温泉旅館といった宿に泊まること

が主な目的という旅もあるが、宿泊場所を選ぶ行為は、ただ「寝る」というために選択することがほとんどである。しかし、ゲストハウスに泊まるようになって、宿＝宿泊場所という概念そのものが変わってしまった。

ゲストハウスという形態は、定員10人程度の小さな宿から100人以上泊まれる大規模宿までさまざまであるが、私が好んで泊まる宿は比較的小規模で、宿のオーナーやスタッフの趣向や意向が前面に出ているところが多い。そうした宿は、まるでそのまちのコンシェルジュのように、おすすめのカフェや食事処を教えてくれるだけでなく、観光案内所のようなだれでも通り一遍のガイドではなく、個人に合った旅の過ごし方のヒントをくれたり、時にはその地域のキーパーソンとつながったりすることもある。

いくらガイドブックを熟読しても、ネットで検索しても出てこない情報がそこには数多く存在している。その地域での旅の楽しみ方のバリエーションが増えると、何度もその地域に通いたくなってくる。

老若男女、世代や国籍も超えた普段の生活では交わることがない旅人と出会って話すこともまた、ゲストハウスの楽しみ方の大きな醍醐味である。旅先での偶然の出会いのはずが、別の宿でばったり再会することもあり、予定調和ではない旅の楽しみがゲストハウスには詰まっている。

ないならつくってしまえ、でスタート

東京や京都のような大都市だけでなく、長野や岡山、金沢や札幌といった地方都市にも定着してきたゲ

上：ゲストハウスプレスの紙面／左中：1166バックパッカーズの飯室織絵さんと／右中：ゲストハウス蔵・山上万里奈さん／左下：編集部主催のゲストハウスイベント／右下：飛騨古川での編集会議合宿の様子

THE OWNER INTERVIEW
ふるさと須坂で外国と日本の橋渡しを
THE OWNER INTERVIEW
まちを楽しくするのは宿の仕事、
きめ細やかに発信し続けたい。
1166
バックパッカーズ
×
クオリティ高く、細く長く続く宿に
情報は発信するところに集まる

ストハウス。今までにないタイプの宿を紹介するメディアを始めたきっかけは、仕事でよく通うようになった長野で、長野市善光寺門前にある〈1166バックパッカーズ〉や、須坂市の〈ゲストハウス蔵〉など、女性オーナーが開業した宿によくお世話になっていたことが大きい。

彼女たちのホスピタリティ溢れる宿づくりの精神は、ゲストハウス自体の雰囲気をとても居心地よいものにしていた。また、自分たちで可能な限りDIY改修された古家・古民家はより親しみやすくあたたかみがあり、見た目にも工夫され、気の利いた宿のインテリアが従来型の安宿の代表である民宿やユースホステルとは一線を画していた。

さらにIターンやUターンを経て彼女たちがその土地でゲストハウス開業するまでの経緯を聞き、その類まれなるバイタリティに強く感銘を受けた。この人たちの生き方は、東日本大震災以降、国家や都会信仰ともいえる概念の価値観が変わりつつある今、ある種のロールモデルになるのではないか？と思えたのだった。

当時、ゲストハウスだけを紹介するメディアは個人ブログ以外ほぼ存在しなかった。彼らの宿への想いを知るにつれ、宿の情報紹介を超えたゲストハウスの旅の楽しさや、オーナーの宿やまちへの想いを伝える記事をもっと読みたいと思い始めた。

また、ゲストハウスと一口に言っても設備やデザイン、おもてなしのクオリティは施設によって大きく異なり、素晴らしい！と感動する宿もあれば、そうでないところもある玉石混交状態。ならば、個人的に

「いいな」と思える質の高いゲストハウスを紹介することで、「安かろう悪かろう」のイメージが「カッコよくてオシャレ、楽しい上に安価」という概念に変わっていけば、という思いもあった。とはいえ、世のなかはまだ「ゲストハウスってなに？」という黎明期。「ないなら自分でつくってしまえ！」と、未経験ながら取材と執筆をスタートし、私の志に共感したメンバーが少しずつ集まり始めたのだった。

インタビュー取材先は、事前に編集部が自費で宿泊・体験し、もっと知りたいという場所を厳選。再訪したうえで、一つの宿や地域を深く掘り下げ、いわばセレクトショップのように、自分たちのセンスや想いと共通項があるゲストハウスを選び抜いて紹介しているのが大きな特徴である。

双方向メディアの構築に向けて

途中小休止を挟みつつも地道に運営を続け、２０１６年12月現在、全国各地のゲストハウスで取材したフリーペーパーは14号目となる。長く続けることができているのは、「ゲストハウスプレスサポーター制度」によるところが大きい。運営コストの一部は、深堀りした情報提供や広告に頼らない姿勢に共感した方からご支援をいただいているのだ。

そうした支援者の方をはじめとする読者のみなさんと、もっと顔の見える関係でありたいと、２０１７年から新たな仕組みづくりを始めた。今まで一方通行の情報提供が多かったゲストハウスプレスだが、今後はより密度の濃い双方向の情報交換ができる場をつくりたいと思っている。具体的には、東京都内でゲストハウスイベントを定期開催するほか、今春より編集部をオープン化し、大阪市内にワークショップや勉強会も可能なスペースを開設すべく、目下奔走中だ。そこを拠点に「日本の旅のあたらしいかたち」を考える研究会を発足、全国のゲストハウスに宿泊しながらの研修ツアーなども計画中である。活動拠点が可視化され、だれでも訪れることができる場があれば、より深いコミュニケーションを重ねていくことが可能となる。ゲストハウスという宿が、人と出会い、話すことで生まれる新たな旅のかたちであるように、私たちも読者と出会い、話すことでさらなる新しいメディアへと進化していける状況をつくっていきたい。

より多くの人に、だれかとの出会いのきっかけを届けることができることを期待して。

西村祐子（にしむら・ゆうこ）
ゲストハウスプレス編集長。大学卒業後、株式会社良品計画にて無印良品店長、ウェブマーケティング会社にてディレクター職を経たのち独立。アメリカ留学で習得したメディカルマッサージを武器にボディセラピーサロン経営する傍ら、旅の楽しさを伝えるツアー・イベントなどを開催。現在は、ゲストハウスプレス運営のほか、大阪を拠点にあたらしい旅の情報発信、事業プロデュースなどを行っている。

ほんまちの家

普段着の高岡を伝える。
まちなか暮らしに溶け込む宿

加納 亮介（かのう・りょうすけ）
町家体験ゲストハウス〈ほんまちの家〉管理人。1989年千葉県千葉市生まれ。現在は東京工業大学大学院社会工学専攻に在籍。歴史的な資源が残る地方都市でのまちづくりを勉強したくて2014年に富山県高岡市へ移住。ほんまちの家の管理人をしながら遠距離通学中。趣味はまちの住民が集う昔ながらの食堂や喫茶店、銭湯めぐり。

〈ほんまちの家〉に3年目の夏がやってきた。ゲストハウスの管理人でありながら、自治会住民として、今年も納涼祭の企画をやらせてもらっている。この納涼祭はもともと自治会にあった祭りではなく、1年前に自ら自治会長へ提案したものだ。せっかく移住したこのまちで、町内の人たちと顔を合わせて会話する機会をもっとつくりたいという想いから、これまでいくつか提案した企画のうちの一つである。今年は、嬉しいことに昨年の記憶を頼りに婦人会や児童クラブが自然と率先して話を進めてくれている。

この日も児童クラブの子どもたちとつくった七夕飾りに、ご近所さんが集まってきた。涼しい風に乗って楽しそうに会話する声が聞こえて来ると、なんだかほっとする。

高岡町家暮らしとは

ほんまちの家は高岡駅から20分ほど歩いた住宅街の中に溶け込むように建っている。昭和初期に建てられた町家は、一時期質屋をしていたそうだ。その後20年間空き家だった建物を改修し、郊外居住が増えている高岡でもまちなかでの町家暮らしを体験してもらうべく運営している。相部屋によるドミトリー形式のほかにも一棟貸し切りや日中の時間貸しなど、さまざまな形で利用してもらえるようにしている。建物としては母屋と離れを廊下がつなぎ、それらが囲むように中庭がある典型的な町家構造だ。母屋の1階は共用の居間、2階は寝室、離れは水まわりとして使用している。

居間は畳の間と15畳の板の間のほかに簡易キッチンがある。広い居間は、一つの部屋としてみんなで食卓を囲むときもあれば、あえて机を離して置き、それぞれの時間を楽しんでもらうときもある。みんなが一つの空間で一緒の時間を過ごし、くっついたり離れたり、自由に空間を使いこなしてもらう。夏はエアコンがなくても吹き抜ける涼しい風を感じ、冬は一つの部屋に集まって各自が湯たんぽを抱え、お隣さんとは壁を共有しているため暮らしの音が漏れてしまうのも一つの町家体験である。

寝室は畳の間が2部屋あり、合計9人まで宿泊ができる。部屋の天井を抜いて現れた屋根裏の立派な小屋組は、風情のある開放感を楽しめる。漆喰の壁はワークショップを開催して子どもたちと一緒に塗ったので一つひとつの壁に味わいがある。

トイレと洗面所、シャワー室は一階の一番奥の離れにある。シャワー室には五右衛門風呂の釜が残り、どこか時間が止まった雰囲気だ。そのさらに奥には、

自治会で初めて開催した納涼祭の様子

雪国特有の内蔵が建つ。外からその存在がわからないようになっているのも特徴的である。私は、この蔵の2階を管理人部屋にして住み込み、日々宿の運営をしている。空き家だった当時は家財が所狭しと積み上がっていたため、まずは地元の大学生と一緒に大掃除をすることからスタートした。その時に掘り出された家具や食器は、今でも大切に使用している。

住宅街のなかの、解体寸前の町家

２０１４年5月31日、ほんまちの家はオープンした。それと同時に私の高岡暮らしが始まった。ほんまちの家がある富山県高岡市は城下町を起源として、その後商人のまちへ転換した。自然災害が少なく戦災にも遭わなかったことから、まちなかを歩いていると土蔵造りのまちなみや緑銅のきれいな銅板張りの壁、千本格子の細やかな造作といった、まちの記憶を残した各時代の町家建築が建ち並ぶ。高岡の魅力は、歴史が色濃く残る暮らしが今でも受け継がれているところにある。

こうしたまちなかに、歴史的な建築や文化を通じた地域活性に取り組む組織がいくつか存在し、そのうちの一つが私の所属する「高岡まちっこプロジェクト」だ。もっと若い世代にもまちなかに住んでもらいたいという想いから始まったプロジェクトである。４人のコアメンバーを中心に活動しており、空き家を活用したカフェ兼シェアハウスのリノベーションや、ここほんまちの家などを手がけてきた。

メンバーの１人であり、ほんまちの家のオーナーでもある服部惠子と出会ったのは２０１３年の5月。

当時私は、東京工業大学の大学院2年生だった。社会工学を専攻し、所属していた研究室の活動で初めて訪れた広島県尾道市のまちがきっかけで、尾道ゲストハウス〈あなごのねどこ〉（43頁）を手がけた「NPO法人尾道空き家再生プロジェクト」の活動に関わるようになった。尾道に通ううち、自然と空き家活用へ興味をもち始める。あなごのねどこの改修や『尾道式空き家再生術』[*1]というブックレットの作成などを通じて、移住者や大学生、周辺住民などが町や市の境界を越えて不思議とつながっていく様子に魅了された。なにより、そこで働いていた同い年の神田太郎との出会いが決定的だった。人との対話を大切にする彼の暮らし方やまちへの溶け込み方、そしてゲストハウスの管理人として宿泊者をもてなす活き活きとした姿がうらやましく、自分もいつかはと、どこかのまちでの自分らしい暮らしを漠然と夢見ていた。そんな時に「高岡で面白い活動をしている人がいる」と研究室の先生から紹介されたのが、服部恵子だった。不動産鑑定士である服部は、不動産を見てまわることが趣味で、当時解体予定だった町家に残っていた五右衛門風呂や内蔵、さまのこ（千本格子）といった高岡らしさに一目惚れをして購入してしまったという。

その頃から、服部たちの進めるまちっこプロジェクトの活動を手伝いに、少しずつ高岡に通うようになった。

町家を購入後、まずはどうやって活用するかみんなで話し合いを重ねた。不特定多数が使え、高岡のまちなかに残る町家の雰囲気や暮らしを感じてもらい、「まちなかに住みたい」という人がひとりでも増えることを目指した場所にしようと話すうちに、自然とゲストハウスにすることが決まっていった。

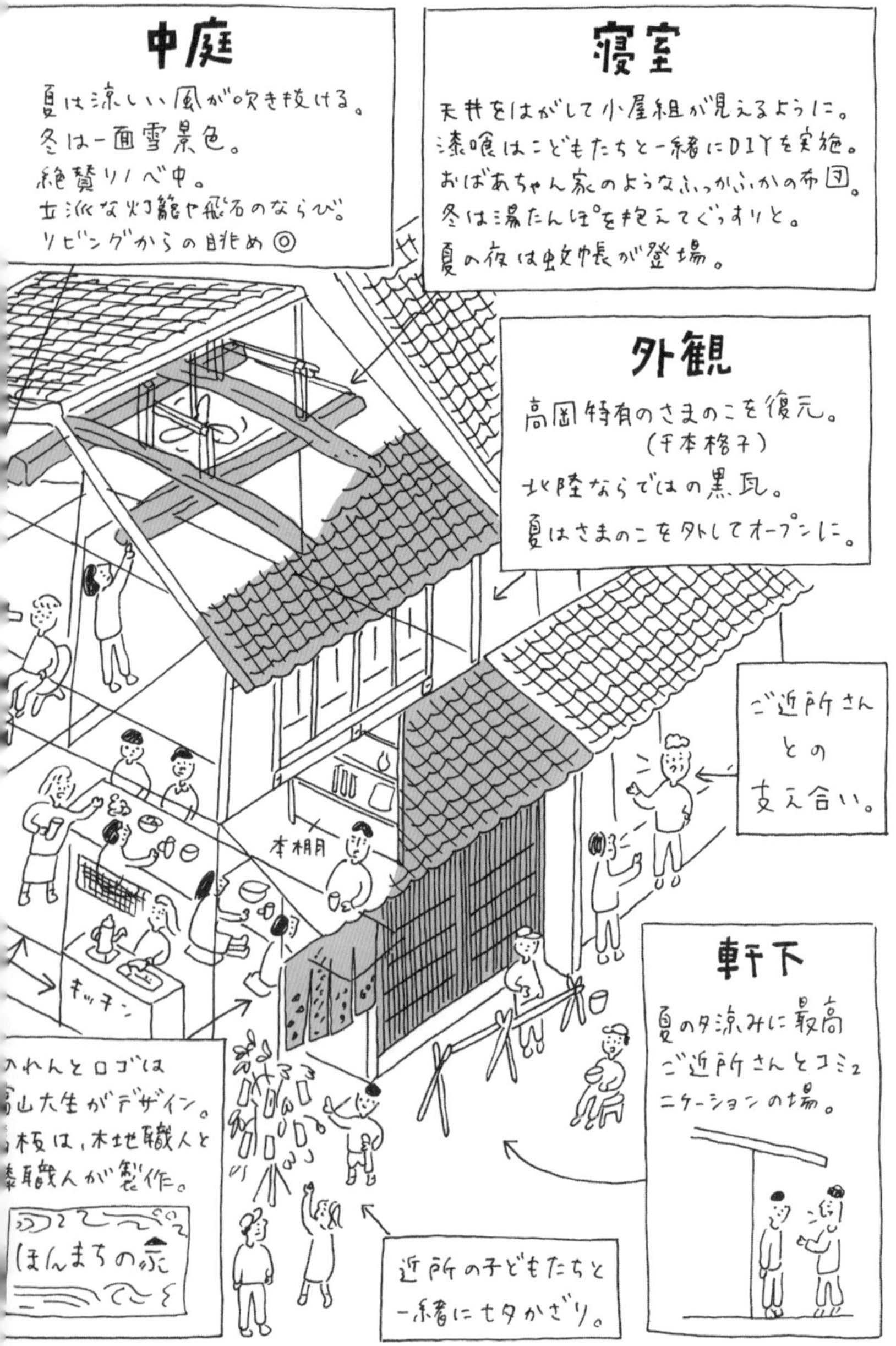
中庭
夏は涼しい風が吹き抜ける。
冬は一面雪景色。
絶賛リノベ中。
立派な灯籠や飛石のならび。
リビングからの眺め◎
寝室
天井をはがして小屋組が見えるように。
漆喰はこどもたちと一緒にDIYを実施。
おばあちゃん家のようなふっかふかの布団。
冬は湯たんぽを抱えてぐっすりと。
夏の夜は蚊帳が登場。
外観
高岡特有のさまのこを復元。
（千本格子）
北陸ならではの黒瓦。
夏はさまのこを外してオープンに。
ご近所さんとの支え合い。
本棚
キッチン
軒下
夏の夕涼みに最高
ご近所さんとコミュニケーションの場。
れんとロゴは
山大生がデザイン。
板は、木地職人と
職人が製作。
ほんまちの家
近所の子どもたちと一緒に七夕かざり。

2F 管理人室
1F 今は物置。いつかはおもしろい活用を検討中。
五右衛門風呂は入れません。
物干し場。気持ちいい空間。
ロフト
蔵 戦後に増築。雪国ならではの内蔵。(家の中からアクセス)
トイレ・シャワー
2Fへ
廊下
戸前 餅つき大会。ロフト空間は手つかず。
富山大学生がソファを張り替え。
家に残っていた食器棚をリメイク
サポーター
さきちゃん
ぶんぶん
宮重さん
国本さん
荒井さん
桶川さん
小椋さん
設計 野田さん
管理人 加納さん
オーナー 服部さん
居間
梁と壁には耐震補強を。
のびのびできる広いリビング。
元質屋の時からの立派な神棚。
お酒の大好きな人が自然と集まる
ゲリラ的な呑み会/ごはん会を開催
ほんまちの家

地元発意の姿が決断させた移住

こうして、まちっこプロジェクトメンバーのそれぞれがもつまちなか居住への想いと持ち前のスキルを結集させて、一軒の空き家がほんまちの家へと再生されることになる。

服部が一目惚れした町家の改修工事や補修を手がけたのは、私たちの団体で代表を務める荒井里江だ。地元工務店の代表でもあり、新しいことになんでも挑戦するムードメーカー。大工や職人との距離の近さを活かし、ＳＮＳでの改修レポートやＤＩＹワークショップなどの発信をオープン前から仕掛けてきた。

國本耕太郎は伝統工芸である高岡漆器問屋の4代目。ほんまちの家は、玄関で漆の看板が出迎え、食器棚には漆の食器や鋳物のぐい飲みなどが置かれ気軽に使えるようになっている。こうした高岡の伝統工芸と日常の暮らしの距離を近づけ、ものづくりのある暮らしをお客さんに感じてもらうのもこの場所の目的である。

桶川淳は地元銀行の銀行マンであり、お金や情報発信のアドバイザーでもある。管理人としてまだ右も左もわからなかった頃は、イベントの企画準備や広報の時には親身に相談にのってもらい、いわばお父さんのような存在である。また、地域連携事業も桶川が担っていて、富山大学芸術文化学部とのつながりがあったことから大学生との協働企画などの窓口になってくれている。

こうした、高岡で根を張る人たちが業種を越えてつながり、自分たちが生まれ育ったまちの歴史や伝統をどのように受け継いでいくか、地元発意で課題に取り組んでいるのだ。

コアメンバーを中心にゲストハウスに向けた話し合いの様子。荒井里江（左から二番目）、國本耕太郎（左から三番目）、服部恵子（右から二番目）、野田明宏（左端）

当時学生であった私が、このゲストハウスの管理人をしようと決心したのはその年の10月であった。大掃除会や蚤の市を通して建物の中をきれいにし、ゲストハウスとして活用するための改修プランを建築家の野田明宏を中心に話し合っていた。当時は、まだ管理人候補がいなかったため一日一組貸切の宿にする予定だった。私自身は卒業に向けて都内中心に就職活動を行っていたのだが、高岡というまちに出会って1年も経たずに離れるのはどこか寂しかった。悩んだ末、高岡に残りながら同大学院博士課程への進学を決心した。それと同時に生活スタイルも変えた。東京を拠点とした生活を逆転させ、高岡に住民票を移し、高岡市民として暮らしながら東京に通うことにしたのだ。また、ただ暮らすのではなく、まちに住むたくさんの人のつながりが見える場をつくってみたいと思い、管理人を志願したのだった。

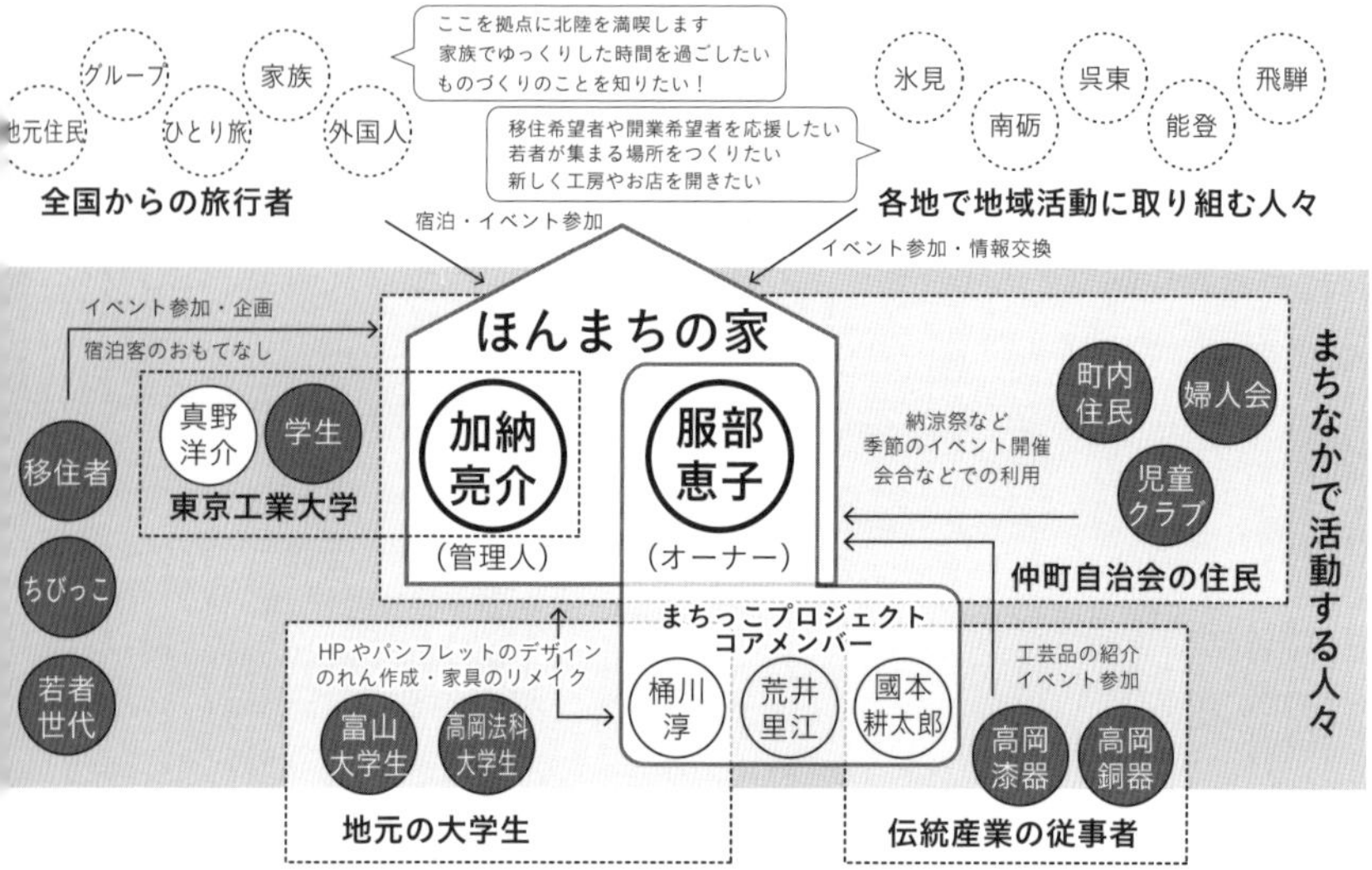

ほんまちの家をとりまく人たちの相関図

空白の時間を埋めるまちの寄合所

ほんまちの家がある高岡城の西側に位置するこのまちは、もともと沼地だった場所を昭和初期に宅地化された歴史をもつため、周辺には昭和初期に建てられた町家が並んでいる。ご近所さんと話をしていると、かつては文房具店や床屋、写真屋、薬局などの商店が賑わっていたようだが、現在、商店はほとんどなくなり、世帯数の減少に伴い空き家や空き地が目立ちつつある。最近では、子育て世代が地縁をきっかけに新築住宅を建てて転居してくることも増えてきたものの、これまで受け継がれてきた自治会活動やコミュニティのようなものには、まだ空白の時間が続いているように感じる。かつては児童クラブで行っていた海水浴や毎月の持ち寄り食事会など、住民同士が顔を合わせる機会が多かったそうだ。こうした状況は本町のみならず、高岡のまちなか全体

左上：縁側のソファは地元大学生が張り替えた／左下：蔵の前での餅つき大会／右上：居間のキッチンは食器棚をリメイク／右下：外観。ロゴやのれんは富山大学生によるデザイン

の状況でもある。

ほんまちの家の運営を通して、こうした状況を少しでも変えられればと思っている。だからまず、ほんまちの家のみならず、まちとしての暮らしや時間を楽しんでもらうことを心がけてきた。共有スペースで旅人同士が旅の思い出共有や情報交換の時間を過ごすだけでなく、たとえばまちの銭湯での番台さんとの挨拶や、居酒屋で隣席に座ったお客さんとの乾杯、喫茶店のカウンターに座る常連さんとの会話など、日常の風景やそこで出会うまちの人との対話を通して高岡のまちを感じてもらいたい。そして「またここに来たい」と思ってもらう。それがほんまちの家の願いである。

もう一つ心がけていることは、これまでの暮らしではつながったことがない人たちがこの場所で知り合うこと。宿泊者同士が会話する夜、ふらっとご近

所さんが遊びに来て気づいたら翌日の旅行プランの相談にのっている。そんな偶然の出会いがいつか再会を果たしたり、その後も連絡を取り合う仲になったりするかもしれない。目に見える成果ではないが、その後の暮らしが豊かになるような出会いやきっかけを提供できる場になりたいと思う。

気軽に遊びに来れるきっかけづくり

そのためにも、まずは宿泊者と一緒にまちなかを歩くようにしている。高岡のまちなかにはマップや雑誌では伝えることができない場所の歴史や人の魅力、高岡らしい風景が数多くある。そのため、宿泊者が一組のときや宿泊者全員でごはんを食べに行くようなときは、なるべく一緒に外出して歩き、観光ガイドマップには載っていないまちの一面を案内する。偶然、職人や移住者の知り合いにばったりと出会い、気づいたらどんどん輪が広がっていることも度々ある。

一方で、ご近所さんとの顔の見える関係を継続的につくることも意識している。ほんまちの家は住居兼ゲストハウスであるため、住民として自治会活動に参加している。早く顔を覚えてもらえるようにとご近所さんへの挨拶から始まり、住民運動会などの行事、資源回収当番にも毎回参加するようにしている。また、自治会内の住民同士が顔を合わせ、言葉を交わす機会もつくるために企画したのが、冒頭の納涼祭だ。そうしていると、徐々にご近所さんにこの場所を知ってもらえ、「こんにちは」とお客さんに挨拶をしてくれたり、道に迷っているお客さんをほんまちの家まで案内してくれたりと、その優しさを感じることが多

左上：宿泊者や移住者、ご近所さんが集まるごはん交流会／左下：2階寝室の小屋組み／右上：ほんまちの家からの掘り出しものの数々／右下：夏休み子ども合宿でのまちなか探険の様子

くなってきた。

また、宿泊者のみならず、近所のちびっこや移住者、大学生、県内で同じく地域活動をしている人など、世代や職業を越えた人たちがほんまちの家へ気軽に遊びに来れるきっかけをつくることも行っている。夜のごはん交流会や、子ども向けの宿泊合宿、新年の餅つき大会など、毎回遊びに来てくれる人から初めましての人までみんなが楽しく、「また参加したい」と思ってもらい、恒例行事になるようなイベントづくりを、日々試行錯誤している。

これまでに挙げた運営の目標や取り組みは始めから固まっていたわけではない。オープン当初、まずはほんまちの家を知ってもらい、町家での時間を楽しんでもらうためにホームページやブログ、パンフレットなど情報発信ツールを整え、簾戸や湯たんぽなど季節ごとのしつらえを充実させることで頭がい

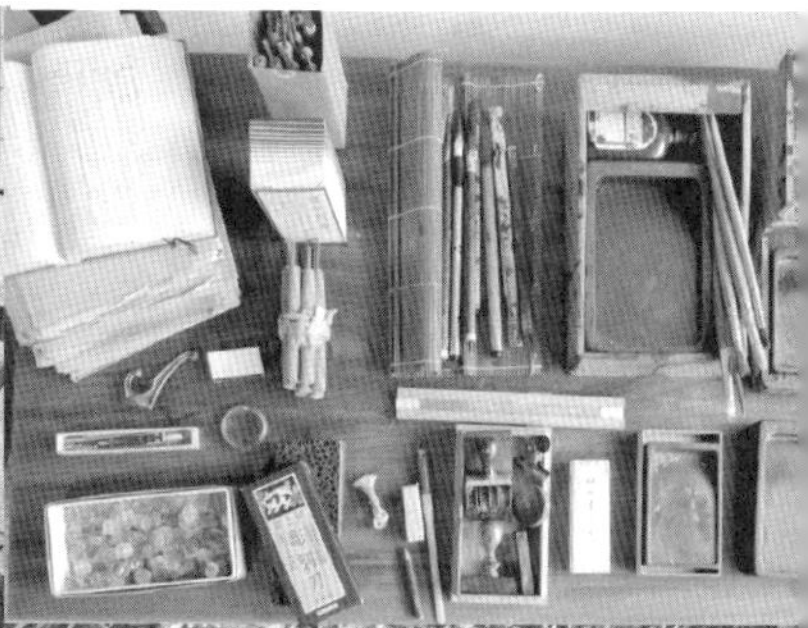

大学生企画による小学生対象の夏休み子ども合宿

っぱいだった。落ち着き始めた2年目からは、家の周辺や大仏さん、[*2]山町筋、[*3]金屋町[*4]といったまちなかの観光スポットへ目を向けた。自らまちなかを歩き回り、地元住民が集う喫茶店や地酒が味わえる居酒屋、今なお数多く残っている銭湯など、よそ者である自分が居心地良く感じる場所をブログで発信し、マップにまとめた。すると、徐々にお客さんが「銭湯の番台さんからジュースいただきました！」「居酒屋のカウンターで隣の人から日本酒をお土産でいただきました！」と言って喜んで帰って来る姿を見るようになり、粋なまちの人たちの姿が垣間みられるようになった。また、宿泊客との会話のなかで、彼らが氷見や五箇山、能登、福井などと割と広域な視野で観光ルートを練っている傾向があることに気づき、

3年目からは人を介したまち同士の緩やかなつながりを体感してもらうために、氷見での漁師町探険や

八尾町でのおわら風の盆鑑賞といった小旅行企画を始めている。自分自身のまちの見方や広がりが、ほんまちの家の運営も進歩させてくれるのだ。

みんなのほんまちの家をめざして

こうした運営に至るまでに、「管理人」という役職意識も大きく変化している。初めの頃は、「管理人は自分ひとり」という気持ちが強く、お客さんとのまちあるきやイベントの準備、後片付けなど、すべてをひとりでこなそうと気張っていた。だが、まちで出会った移住者や大学生、ご近所さんなど、ゲストハウスに興味をもってくれる人たちが少しずつ増えていき、一緒にお客さんのおもてなしをしたい、という「サポーター」のような存在が周りにできた。一緒に夜ごはんを食べに行ったり、翌日の旅行のプランを立てたり、時間があれば、翌朝の朝日を海岸まで見に行ったり。そんなことを一緒に楽しめる人が身近にいることで、もっとほんまちの家を楽しめるようになった。

一方、この場所を支えてくれるだけでなく、この場所やここにあるものを使って新しいことに挑戦する動きも起きている。ホームページやパンフレット、のれんのデザインはすべて富山大学芸術文化学部の学生の「つくりたい」という声から始まっている。また、廊下に置いてある椅子も空き家から掘り出したものを「リメイクしたい」という学生の声から地元の木工職人に学びながら張り直しをしてくれたものである。デザインや製作のみならず、1階リビングを使って製作作品の展示会を行ったり、高岡の伝統工芸をテーマにした小学生の自由研究を芸術文化学部の大学生と一緒に取り組むことができる夏休み合宿を企画したりと、ますます多世代に使いこなしてもらえるようになってきた。

ほんまちの家を通して、お客さんの輪だけでなくこのまちに住む人たちの輪もつながっていくことを願って、これからも毎日を楽しみたいと思う。

自分だけのほんまちの家ではなく、みんなのほんまちの家をめざして。

〈注〉

＊1　尾道独自の空き家の再生プロセスとそこに関わる仲間たちを図鑑風に仕上げた私家版ブックレット。筆者が編集を担当した。2013年3月に発行。

＊2　日本三大仏と言われている高岡大仏。周辺では朝市が開催されたり、新しく茶屋や荒物屋がオープンしたりと面白い取り組みが増えてきている。

＊3　四つの町（守山町、小馬出町、御馬出町、木舟町）から構成され、卸業を中心に商業が集積してきたエリア。明治33年の大火後に建てられた立派な土蔵造りのまちなみが特徴的であり、毎年5月1日に行われる御車山祭には多くの見物客で賑わう。こうした建物やまちなみを活かしてクラフトショップやお惣菜屋といった新規出店、マルシェのようなイベント開催などの動きが起きている。

＊4　千保川を挟んで旧市街地の反対側に位置する旧職人町。さまのこ（千本格子）が続く落ち着いたまちなみには、江戸時代から続く鋳物店舗や工房が何軒か今なお営んでいる。町内住民によるグループ「金屋元気プロジェクト」も立ち上げ、移住定住にも力を入れている。

SAMMIE'S

時間をかけて手でつくる。福井の旬を届ける編集拠点

森岡 咲子（もりおか・さきこ）
福井ゲストハウス〈SAMMIE'S〉オーナー。1986年福井県福井市生まれ、2008年東京大学経済学部卒業。18歳で上京し故郷には二度と戻らないと決意するものの、2015年福井にUターン。同年8月、福井駅東口の空き家をセルフリノベーションし、ゲストハウスを開業。アメトーーク！とブラタモリが好き。人生のステージが劇的に変化するなかで、福井の楽しい暮らしを開拓中。

その日のゲストは6人。男性2人組はヒッチハイクで、もう2人の男性と女性2人は仕事やひとり旅。各々、夕食や洗濯物を終えてリビングに集まってきた頃、それぞれの話になっていた。よくよく話をしてみると6人中5人が「教師」だという。そうか、夏休み……当然場は盛り上がり、みな意気投合する。私はその偶然に自然と笑みがこぼれてしまう。前も同じように「看護師」というパターンがあった。〝縁〟とは不思議なものだなぁとしみじみ思いながら、その日の業務を終えて宿を後にした。

目を背けていた地元に帰る

〈SAMMIE'S〉はベッド数10床、営業面積は100㎡未満の小さな宿である。2015年8月に開業した。もともとは、なんの特徴もない築約60年の古い民家だった。しかし、JR福井駅東口から徒歩5分という立地。徒歩30秒の距離にある銭湯（現在は惜しくも閉店）。そしてなにより目を疑うような格安の物件だったのが決め手で、内見したその日に購入を決めた。自身と友人知人によるDIYで改修作業を行ったが、解体してみると建物の躯体や下地の材料が不揃いでチグハグで、資材不足であった新築当時の時代背景が読み取れて、「だから古い家は良いな!」と一気に愛着が湧いた。近隣には大正時代から続くパン屋さんや、最近オープンした食堂などもある。繁華街やビジネス街のある福井駅西口と比較すると本当に静かな落ち着く地区で気に入っている。

高校を卒業して東京の大学に進学した頃、生まれ育った福井には二度と戻らないと思っていた。福井のような「田舎」には、情報もない、チャンスもない、人の多様性もないと当時は考えていて、私はもっと広く、世界のことが知りたかった。

ただその前に、まずは日本を自分の目で見て体感することが必要だと思い、資金的に余裕ができた大学2年から青春18切符で日本中を泊まり歩いた。その翌年からはヨーロッパやアジアなども旅して周った。その時、ガイドブックで事前に名所を調べて行動するよりも、現地でその土地に住む人々や同じように旅をする人たちと情報交換しながら行動するほうが面白いと気づいた。名所など「ガイドブックの確認作業」になってしまった場所は記憶が曖昧だが、訛りでなにを話しているかさっぱりわからない井戸端会議をしていた山形のおばあちゃんたちや、スペインの田舎町で道に迷った時にバス停を案内してくれた女性、カンボジアの日本人宿で出会った現地で活

手づくりの共有キッチンスペース。土間のコンクリートも友人たちとセルフ施工（©Rui Izuchi by cocoon）

躍する日本人たち、そういった出会いは時間が経った今でもとてもよく覚えている。人の印象がその旅の印象を左右する、そんなことを強く実感した。そして、必ずしも名所ではない、誘われて偶然行った名もない遺跡、ポルトガルで泊まった古くても大切に使われてきたB&B（Bed and Breakfast）、普段の生活のなかにある歴史ある古いまちの風景、あるいは山間部にあるダムや海峡をつなぐ橋、海岸部にある工場地帯など、人の息遣いや歴史を感じ取れる、暮らしを支える・紡ぐ風景がとても魅力的に見えた。このような風景は大小あれど「建設業界」の仕事の結果だと気づき、文系ながらその業界を志望することになる。

就職したのは大手建設会社。営業部門を1年経験した後、建設現場の事務担当として働いた。男社会のなかで、予算管理や労務管理、近隣対応業務から社内外の「お付き合い」までバリバリ働き、やりがいも、働きに見合う収入もあった。しかし東日本大震災を機に、「働きすぎ」とも言える生き方に疑問をもつようになる。学生時代の旅を通じ、古い建物を長く使うことに魅力を感じていた私は、スクラップアンドビルドを続ける（残念ながらそれが一番儲かってしまう）日本の建設業界の仕組みにも違和感を感じていた。

生き方を一旦見直すためにも、首都圏を離れてみよう。そういう気持ちで、2012年に名古屋へ転勤した。地元福井との物理的・心理的距離感も近くなったちょうどそのタイミングで、『福井人』[*1]という、「観光地」ではなく「地元に生きる人」を紹介するガイドブックをつくるプロジェクトを知ることになる。これには、福井県外で暮らす地元の知人や高校の先輩たちが関わっていて、福井に身を置かなくてもこんなことができるのかと驚いた。また、福井に面白い人が「いない」のではなく、私が知らなかっただけで

上：朝、足羽川のほとりを散歩するのがお気に入り。白山が見えることも／左下：雪、積もります／下中：福井人はみな、カニをさばける／右下：冷え込む日はダルマストーブで暖を取る

はないかと省みるきっかけになった。蓋を開けてみれば、カフェとスクーリングの運営を中心にクリエイターや若い人々を巻き込む「FLAT PROJECT」、鯖江市河和田地区に関西圏から移住してきた全く同世代のクリエイティブ集団「TSUGI」など、福井という場所を活かして活躍する人々が大勢いることを知り、刺激を受けた。福井は人が面白い。彼らのつくる波に私も乗りたい。一緒になにかしたいと、名古屋に居ながら心は福井という日々を送った。

　自分になにができるのかを考えるなかで、福井の良いところにも気づき始めた。美味しいごはん、ほどよい人口密度、働き者の女性陣、子どもへの寛容な目線。福井の魅力は「暮らし」にある。だから、暮らすように旅をする（長期滞在する）ことが、福井の良さを伝える一番の近道なのではないか。そして『福井人』を手にすれば、福井に〝暮らす〟人を訪ねる旅

吹き抜け
明かりとりの為に、床を抜いて、吹き抜けをつくりました。
1F奥+2F 宿泊スペース
手づくりの2段ベッド。カーテンは友人デザイン&インド製のファブリック。
2F
未完成の 2Fスペース
いつか巨大本棚を設置するつもり！絶賛工事中！
シャワー
エントランス
人とつながること
CRAFT BRIDGE
クマゴローカフェ
パン
サミーズ
最新の情報を仕入れ、ゲストを受け入れるネットワークをつくる！

1F くつろぐスペース
丸いライト
カーテン
地元の情報が盛りだくさん。運がよければ、オーナーの与太話が聞けるかも。冬は石油ストーブとこたつが登場！
こだわりのDIY！
A 天井裏のツギハギ板、土間コンクリート
B 温かみのある木製カウンター
C 間接照明を仕込んだ飾り棚
本棚予定
カウンター
キッチン
PLAN
個室
吹き抜け
本棚つくりたい！
2F
男性ドミ
女性ドミ
洗面
バックヤード
シャワー
リビング
ストーブ
車庫
WC
カウンター
キッチン
1F
うすいブルーグレー
オーナー
森園さん
SAMMIE'S

最初は不慣れでもだんだんと上達してくる。下地は苦しく長いが、仕上げは達成感もあり感激もひとしお

ができる。「人」は旅の最強コンテンツ。それは私が身をもって実感している。

しかし、旅先で人を知るにはうってつけの、交流のできる宿がそのとき福井にはなかった。だったら自分がやろう、自分にできるのはこれだと思いついた。自分で舵を取れる働き方にシフトすること、古い建物をリノベーションすること、福井の魅力的な流れにジョインすること。これまでの自分の経験と、問題意識が合致した。こうしてゲストハウスを開業することに決めた。

いつまでも未完成な宿

当館は、「未完成の宿」である。開業前に、行政の諸検査に合格するだけの最低限の設備は整えたのだが、開業後1年を経過した今でも、私が目標とするところには達していない。

中途半端な状態で開業したのには二つ理由がある。一つはできる限り早く開業したかったこと。初期投資はすべて自己資金で賄ったため、早く営業を始めたかった。だからと言って改修工事を外注するほどの資金はなかったため、DIYで可能なだけ工事を行い、残りは開業後に営業しながら休館も挟みつつ、仕上げていくことにしたのである。設計から製作まで基本的にはすべて私ひとりで行っている。これができるのは、建設会社で働いていたときに「すべては人の手でつくられる」ことを実感したことが大きいと思う。事務系なので専門知識も実務経験もないのだが、工事過程を見ているのが本当に好きだった（だから、ますます自分でやってみたい欲求が抑えられなくなっていった）。仕上がりを想像できる、「こうやれば自分でつくることができる」と考えられるのは、この経験のおかげだ。また、工事を進めるにあたっての予算組立や資金計画などは、自身が関わっていた業務がダイレクトに活きた。

もう一つは、未完成な空間は結構面白く、ゲストが何度も訪れてくれる理由になるのではないかということ。実際リピーターとなってくれたゲストは、訪れるたびに、前回とは壁の色が変わった、棚ができた、ベッドができたと、変化していく館内をとても楽しみにしてくれている。

フリーで等身大なまちの編集者として

当館が目指しているのは、「福井の情報のセレクトショップ」である。日々のコミュニケーションのなかで、ゲストの趣味嗜好を汲み取り、福井できっと気に入ってくれるだろうと思う場所やイベント、人をフラットな目線から紹介するのが、既存の団体や組織などに特に所属していない、まちの編集者としての私の役割だと思っている。

これは、私が長野市の〈1166バックパッカーズ〉さん（59頁）で体験したことだ。その場所をきっかけに知らないまちに友人ができ、いつの間にか何度も訪れたいまちになっている。これを福井でもやりたいと思っているのだ。

福井には「絶対に見ておくべき場所」は少ないかもしれないが、逆に言えば落ち着いて滞在できる環境がある。2、3日観光名所と言われる所にはほとんどどこにも行かず、なにもせず、ただのんびりとカフェや自然の豊かな場所で滞在するゲストも多い。地域に根ざしたお寺や神社で定期的に開かれている、食事をしながらただただ日々のことを語り合う会や、墨絵作家・ミュージシャンとコラボレーションしたアートイベント、音楽・映像技術を駆使したサイケデリック祈祷会やテクノ法要といったある意味仏教の最先端を行くようなイベントもある。

20代女子にも40代インドネシア人にも、すべてのゲストにピッタリくる情報を提供するため日々試行錯誤している。「福井のことは全然知らなかったけど、すごく良かった！　楽しかった！」と言ってもらえるようなコンテンツを紹介できると、とてもやりがいを感じる。また、地元の友人たちが遊びに来て、その日のゲストをまちに連れ出したりしてくれると、嬉しくてニンマリしてしまう。

ゲストがまちに繰り出したとき、訪れた場所で「SAMMIE'Sで紹介されました」と伝えてくれることも

左：壁の色が気に入らず、越前和紙を貼りリニューアル（左上→上中→左下）／右上：手作りの２段ベッド（©Rui Izuchi by cocoon）／右下：手づくりのキッチン

多い。何度もそれを重ねるうち、「いつも紹介してくれてありがとうと伝えて」とゲストがお店のほうから伝言を預かってくれたり、ある店の店主はわざわざSAMMIE'Sを訪ねてきてくれたりしたこともあった。

福井は大きなまちではないからこそ、まちを訪れた人たちを「取り合う」のではなく、良い意味でまちなかで「たらい回し」して店を紹介し合っていくことが必要だと考えている。それは、活性化のために不特定多数に向けて実施されるキャンペーンより、もっと一人ひとりに合ったマッチングだ。地元のディープな味を楽しみたい人とおもてなし精神が旺盛でフレンドリーな店員さんがいる居酒屋さん、日本酒を愛しているカフェのオーナーと酒造りを企画している人。センスの良い家具を扱う雑貨店のご主人と、彼がインテリアコーディネートした天然酵母の美味しいパン屋さん。「楽しいから、面白いから」が連鎖

みんなでちゃぶ台を囲んで団らん！

して結びつくさまざまな関係が、まちのなかに自然に存在しているということだ。訪問者を受け入れるネットワークが形成されれば、きっと彼らにも居心地の良さを感じてもらえるはずだ。

しかし、外国人比率が5％にも満たない（ほぼすべてが他地域のゲストハウスからの紹介）ところは目下の課題である。ほとんどが日本人の旅行者であり、福井の外国人認知度はまだまだ低いことを実感している。福井に来る外国人は、日本を長期旅行している人、以前福井に来たことがある人（あるいは友人がいる人）、外国人にまだ知られていない場所に行きたい人など、少しコアな人が多い。とはいえそんな人たちの興味関心を細やかに察して案内することができる、ゲストハウスがこれから担う役割は大きいはずだ。小さな宿ということを武器に、コアな情報提供を続けていきたい。

等身大の開業

開業して1年が経過し、運営は現在も私だけで行っている。1年の流れがようやく掴めたように思うが、繁忙期は目の回る忙しさだった。友人知人にピンポイントでお手伝いをお願いしてなんとか乗り切れたが、今後は本格的にヘルパースタッフの採用、有給スタッフの雇用を考えなければならない。ひとりですべて回すにも限界があり、なにより「自分が楽しく笑顔で運営する」ことが難しくなってしまうからだ。そのしわ寄せはどうしても家族やゲストにいってしまうし、それは一番避けたいことでもある。事業継続性を考えても、少しずつでも仲間を増やしていくことが望ましく、今後の最大の課題だと思っている。

開業時から現在に至るまでも銀行融資や自治体などからの補助金は利用しなかった。あくまで自分ができる範囲で、「等身大」で始めたかったからだ。特に補助金は、税金であるため使途が限られるし、利用することで「色」をつけたくなかった。事業開始時の発射台を低くするため、と割り切れるならば利用してもいいと思うが、その要件に合わせたり、書類手続きを踏んだりしなければならないことが私の性格とは合わなかった。また、資金返済のために売上を伸ばすことに躍起になって、ゲスト一人ひとりへの対応がおろそかになることも避けたかった。お金が足りなければできるだけ安く済む方法を探す。事業を軌道に乗せ売上を上げ、投資した分を回収する。資金に余裕が生まれたら、次のステップへ進む。いろいろな考え方があるだろうが、しばらくはこのサイクルでマイペースに運営していきたい。

〝港のオンナ〟を楽しむ

ゲストハウス経営を始めて、一番良かったことはなんですか、と周囲から聞かれることも多い。「さまざまな人と出会えること」「組織に縛られない自由な暮らしができること」……そんな答えを期待されているのかもしれないが、私はいつも「一生をともにできる良きパートナーが見つかったこと」と答えている。

ゲストハウスの仕事は、だれかを迎え入れて送り出すことの繰り返しだ。仕事を始めてすぐに感じたのは「女性性が発揮される仕事」だということ。ある一つの場所にとどまって、そこを心地よくしつらえ、訪問者を受け入れて一定の時間を過ごしてもらう。誤解を恐れずに言うと、「たまにしか帰ってこない愛しい人を待つ港のオンナ」のようなイメージだ（連泊したゲストを送り出す時は結構寂しい）。そして精神的なつながりを重視し、緩やかな人間関係を紡いでいく。

開業準備中は開業という目標達成に向かって突き進み、ＤＩＹでずっと力仕事をしていたし、会社員時代も男社会でガリガリ働いていた私は、鏡の中にうっすら髭の生えた自分を発見するほど、自分の中の男性性を酷使していたように思う。女性であるのに、女性性を自分の中に認めていなかった。そんな私の女性性を素直に発揮でき、なんの無理もなく自然に働けるのが今の仕事だった。それがこの仕事を始めてからの最大の発見だったのだ。そんな風に自然体で働くなかで出会ったゲストのひとりが、今の夫である。

このことは、新しい働き方への自信にもなった。

開業してからも、働き方を少しずつ変化させている。当初はゲストハウス内の利用していない部屋に暮らしていたが、今は徒歩10分程度離れた場所に、夫と同居している。職場と自宅が全く同じであることは、通勤時間がかからない、すぐにゲストからの要望に応えられる、ゲストに安心感を与えられるなどのメリットがあるが、長くその状態を続けていくとデメリットも多いことがわかった（公私の気持ちの切り替えが難しいこと、夜遅くまでゲストと盛り上がる日が続くと疲れてしまう、ゲストへの対応がエンドレスになってしまうことなど）。ゲストに気持ちよく過ごしてもらうために一番重要なのはスタッフ（今は私のみだが）がご機嫌な状態でいることだと思っている。だから、現在は館内に居る時間を決めて、対応にメリハリをつけ自身の負担を減らすようにしている。

受付にて。笑顔でお待ちしています！（©Rui Izuchi by cocoon）

長く愛される場所を目指して

ここ最近、「まちの編集者」としての役割が、より明確になってきた。今、福井は点であった場所同士が徐々に結び付いて、〈クマゴローカフェ〉[*2]や〈CRAFT BRIDGE〉[*3]などといった新たな場所づくりにつながってきている。またそれらの動きに刺激された新たな動きも生まれており、さらに面白い局面を迎えている。それらのまちのプレーヤーたちとつながり、SAMMIE'Sを等身大のまちと人の小さな日常がタイムリーに浮かび上がってくる情報発信のできる場所にしたいと強く思う。それがまだ福井に足りない要素だとも感じている。長く愛される場所を営む当事者として成長していきながら、「まちの編集者」としての立ち位置を通じて、このエリアの価値を高めていきたい。

〈注〉

＊1　地域に生きる魅力的な人を紹介するガイドブック『COMMUNITY TRAVEL GUIDE』の第2弾として、福井県嶺北地方をテーマに２０１３年４月に発刊された。福井出身、県外在住の若者が中心となりプロジェクトチームを結成。地元福井の人々が本の製作プロセスに参加し、資金はクラウドファンディングによって調達された。

＊2　２０１５年６月に行われたリノベーションスクール@福井で対象物件となった福井市中央1丁目にある「ニシワキビル」の1階に、２０１６年４月にオープンしたカフェ。福井に移住してきていた群馬県出身の女性が独立開業した。ニシワキビルのリノベーションは現在進行形で進んでおり、さまざまに活用方法が試されている2階以上の部分の今後の動向にも注目したい。

＊3　２０１６年９月、福井市浜町エリアに、地域再生とクラフトの再生を目指す複合施設として古ビルをリノベーションしオープンしたビル。1階には北陸の日本酒を味わえる「RICE BAR CRAFT SAKE LABO」、3階には北陸の地ビールを楽しめる「BRIDGE BREW」、2階にはコワーキングスペース「MIDORI.so FUKUI」が入居する。

とりいくぐる

商店街に佇む、日常と非日常をつなぐ小さな結界

明石 健治（あかし・けんじ）
ゲストハウス＆ラウンジ〈とりいくぐる〉オーナー。1986年岡山県岡山市生まれ。中肉中背。運動神経は悪く、納豆が嫌い。前職にて仕事中に交通事故に遭い、どうせ死ぬならもっとなにか面白いことをやってからという考えに至り、2013年、生まれ育った岡山にてゲストハウスを開業。少しマニアックな映画作品になると途端に岡山まで回ってこない以外は概ね満足なこのまちで、もっと楽しく可笑しく暮らせないかと考えている。

ゲストハウスとはそもそもどういったものだろうか。その問いに対して簡潔に答えることは難しい。宿泊する場所について定めている旅館業法によると、ゲストハウスはいくつかある分類のうち、「簡易宿所」というものに分類される。おおむね4部屋以下で、二段ベッドのような、ほかのお客さんと共用のドミトリータイプに泊まらせることが多い。シャワーやトイレは共用で、リビングやラウンジのようなスペースがある。施設が小さくシンプルであるがゆえ、ほかの宿泊客と機能をシェアする場面が多く、自然とコミュニケーションが発生しうる。つまり、素泊まりが基本である簡素な宿泊施設で、ほかの宿泊客との交流などを期待させるような場所を、世間ではゲストハウスと呼ぶようだ。

岡山、そして奉還町

私が運営しているゲストハウス〈とりいくぐる〉は、岡山県岡山市にある。岡山という土地は、関西と広島の強大な観光地に挟まれてはいるが、岡山に大して有名なものはない。そういった理由からか新幹線などで通過したことはあるが降りたのは初めて、という宿泊客が本当に多い。全国的に見れば少々馴染みのないまちかもしれないが、それでも四国や山陰地方などに向けて岡山で乗り換える人は多く、いわば交通の要衝として栄えたまちだ。とりいくぐるがあるのは、そんな交通の中心・岡山駅の西口側で、どちらかといえば裏口とされる。反対の東口側は一般的な表玄関で、市役所やデパート、岡山城などはそちらにある。そんなことでこちら側は昔ながらの住宅街の様子を未だに残していて、さながら下町のような佇まいがある。依然としてこのまちでは、カゴに入った玉ねぎを売るような八百屋があり、銭湯の脱衣所には木製のロッカーが残っている、そんな素朴なまちだ。そんな西口エリアを東西に貫くように、全長1㎞ほどの奉還町商店街という古い商店街があり、その西端にとりいくぐるがある。小さな郵便局の向かい、鳥居を入り口の真ん中に据え、築60年以上経過した元肉屋の不思議な建物。昔の地域の名前「畷元町《なわてもとまち》」にちなみ〈NAWATE〉と名付けられた複合施設の一角に、私のゲストハウスは入居している。

オープンまでの道のり

「奉還町4丁目にある、鳥居がひっついた変な建物ってわかんないですかね?」

と友人に言われ、そんな建物あったっけ?と答えたのが2012年のこと。友人いわくそんな変な建物をリノベーションするプロジェクトが始まるということで、面白そうな物件を見てみたいという軽い気持ちで参加した。古びた商店街の外れにあるその「変な建物」には、朱が剥げた鳥居が本当に鎮座しており、彼の言うとおり変な建物だった。そんな奇妙な佇まいも、決してまちで浮いているわけではなく、長い年月を重ねてまちに溶け込んでいるように思われた。しかし中へ入ってみると、その奇妙さよりも、さながら廃屋のように朽ち果てた状態であることに驚く。2階の床は抜け、壁は崩れていた。そして1階玄関から上を見上げると、2階部分とその天井を通り越し、青い空が見えた。初めはそんな有様だった。

さて、どんなふうにこのボロボロで不思議な建物を生き返らせるか。店舗付きシェアハウスという案が

とりいくぐる
16

ある日のとりいくぐる。左には同じ建物に入居する八百屋さんがある

最初は優勢だったが、何度となくもたれた話し合いの末、建物の奇妙さはきっと県外、国外の人にとっても魅力的に映るのではと、旅人を呼び込めるゲストハウスとして再生させることになった。建物の大部分を宿泊用の施設として改修し、それ以外の部分は小分けにテナントとして貸し出す。もともとこの物件を間借りしていた八百屋さんも巻き込み、「ゲストハウスも入居する複合施設」ということで最終的に話がまとまった。当時はゲストハウスが全国的に広がり始めて間もない頃。岡山県内でもまだ数えるほどしかなく、まだまだよく知られていない新しい概念だった。

それだけに、一つ大きな課題が残った。ゲストハウスに改修したとして、だれがそこを運営していくのか。改修後その施設を見ていく人間がいなかったのだ。

そして、ゲストハウスオーナーへ

25歳を過ぎ、今後の働き方について悩んでいた私を、プロジェクトのメンバーはぜひにと誘ってくださった。私も例外なくゲストハウスの動向に興味をもっていたし、京都や東京では大体ゲストハウスに宿泊していたので、その誘いを受けることにした。誇張などでなく本当に、清水の舞台から飛び降りる気持ちで。だがその時決断できたのは、単に興味があったからというだけではない。大きな決断の背中を押したのは、同じ境遇で誘われた人間が自分のほかにもいたからだった。一緒に始めることになる野口明生とは、共通の友人（その彼は鳥取県内でゲストハウス〈たみ〉（147頁）の開業準備中だった）を交え2回ほど会

左上：朝は陽の光が差し明るい1階のラウンジ／左下：カウンターを制作する野口明生／右上：改装中の筆者。ペンキ塗りなどは夜遅くまで続いた／右下：女性専用ドミトリー。押入れをベッドに改装

った程度。だが彼もまた同じタイミングでたまたまこのプロジェクトの集まりに顔を出していたのだった。つまり、お互いさほど面識があった訳ではないが、彼がすでに鳥取のゲストハウス立ち上げに関わっていたことは心強く、歳も近かったことなどもあり、2人でならゲストハウスを始められると思えたのだ。2013年1月のことだった。

その頃、鳥居のある不思議な建物は、プロの力を借り大々的に改修の手が入っていた。建物の一部は減築され、開放的な中庭が現れた。さらに新しく壁が立ち丈夫な柱も加えられ、青空が見えていた屋根もきれいに張り替えられた。仕上げに、SNSを通じて募った総勢60人ほどのボランティアの手を借りてペンキやオイルが塗られ、少しずつゲストハウスとしての体裁が整っていった。連日連夜遅くまでの作業。折しもちょうど6月末という梅雨シーズンと

店・アトリエ
軒
お店というよりは
アトリエに近い。店主
との距離が近い。
軒先で立ち話。
裏路地
ラウンジ
ガラスの建具がGood!
中庭
朝の時間が一番気持ちいい。
お客さんと突発的にはじまるご飯会。
スタッフの昼寝。旅のはじまり。
2Fは宿泊
キッチン
キッチンドランカー。
お客さんとの立ち話。
イベント
イベント時には、外のスペースも使う。いろいろな出店あり。

カド
カド飲み、様々なイベント、
コーヒーの配達を頼む近隣の人。
レコード、本、小上がり。
トリイ
カド
中庭
お祭り、パーティ。
いつもと違う感じ。
芝生に寝ころがる猫。
たくさん落ちてくる落葉。
アトリエ側
奉還町商店街
八百屋
街の集会所であり、
井戸端会議の会場。
商店街(奉還町4丁目)の顔役。
とりいくぐると、
商店街の結節点。
鳥居
人間界と神様の世界
(異界)との境界。
全ての入口。
受付
オーナー
明石さん
GUESTHOUSE & ROUNGE
とりいくぐる

いう蒸し暑いさなか、汗だくで作業が行われた。

そんな作業と平行して、役所への許認可や、ウェブサイトの立ち上げなどソフト面も準備を進めていかなければならない。なかでも一番時間を費やし悩んだのは、この施設の〝名前〟を決めることだった。名前とは、その場所のイメージやコンセプトを決めるに等しいとても大事なもの。私と野口は日夜ファミレスに入り浸り、アイデア出しを行った。その結果生まれたのが「とりいくぐる」。我ながらインパクトがあり覚えてもらいやすくノリも伝わるような、良い名前だろうと思う。その名前をもとに各SNSで告知が始まり、リーフレットの発注も進む。旅館業の認可が下り、リーフレットも第一弾が届く。ついにオープンの日を迎える。プロジェクトがスタートしてから10ヶ月、工事開始からおよそ7ヶ月後、7月6日に建物は見事完成しオープン。当日の朝まで改修作業、準備に追われるバタバタとしたオープンだったが、宿泊の予約が入り、本当に宿泊するためにお客さんがやってきたという事実は、計画がスタートした7ヶ月前からすると夢のようだった。岡山市内では初めてのゲストハウスが誕生した瞬間だった。

「泊まる場所」の役割とは

最初は右も左もわからず四苦八苦の日々だったが、1年も経つ頃には少しずつ身体も慣れ、勝手がわかってくるようになる。宿泊施設とは、究極的に突き詰めていけば「寝る場所」であるので、カフェや小売店などと比べて滞在時間が長い。10時間以上をそこで過ごす人がほとんどだ。となると、いつの間にか、

左上:自転車での旅行者を見送る/左中:夜な夜な語り合うラウンジ/左下:子どもたちの遊び場/右上:晴れた日には中庭でマッサージ/右中:中庭で作業する作家さんも/右下:近所の方たちで賑わう夏祭り

静岡→大分

宿泊客にとっての心地よさを追求するようになった。もちろん、高級ホテルのようになにからなにまで用意できるわけではないし、設備も簡素なものに限られる。でも、建物に味があり、面白いということにあぐらをかいて宿泊することの快適さを蔑《ないがし》ろにしてはならない。そこにあぐらをかくのではなく、接客態度も館内設備も不自然でない程度に、心地よく手が届いているのが望ましい。そしてなにより、旅行者にとってゲストハウスをはじめとする宿泊施設は、旅行中一番長い時間を過ごす場所である一方、滞在し観光するまちへの入り口、顔になる場所だ。初めて訪れる土地のイメージを決定付ける重要な位置にいるということだ。

またゲストハウスを開業してみて驚いたことは、移住者の多さだった。開業した2013年は、全国各地で地方への移住が声高に叫ばれるようになった頃とも重なるせいかもしれない。岡山もその流れから外れてはいなかった。そもそもゲストハウスを始める前は、当たり前だが、日本全国、世界各地からの旅行者ばかりを想像していた。まさか移住希望者が宿泊しにやってくるとは思ってもいなかった。彼らは、震災をきっかけとしていたり、単に地方移住に興味があったりと事情はさまざまだが、観光客におけるゲストハウスの立ち位置と同様、移住者にとってもその土地へ住む第一歩として、そのまちの様子を探ったり家を探したりする際のベースキャンプ地となりうるのだった。暮らすように旅しよう、とはありふれたキャッチコピーだが、まさにゲストハウスとまちの距離感は暮らしているように近い。

その事実は、食事を例に取るとわかりやすい。館内の設備は前述の通り限られている。そのため、ざまさまなサービスを外へとアウトソーシングせねばならず、食事もしかり。その土地の名物が食べたい、宗教上の理由でお肉は食べられないなど、宿泊客からの食事にまつわる要望は多岐にわたる。そんなあらゆる要望と、まちに点在するお店をマッチングするために、私たちもまちのことを勉強し、まちとコミュニケーションを取る必要がある。とりいくぐるでも近隣の銭湯は営業日に必ず電話が入るし、最寄りの居酒屋はとうとう英語表記のメニューが作成された。

なるほど、そのまちは住むために適しているかと判断する際に、ゲストハウスを起点にすることはとても理に適っているように思う。そしてゲストハウス側もまちのことをよく知り、接点をもつことで、この土地の入り口としての機能が強化されていくのだと皮膚感覚でわかっていった。

今までよりもう少しまちと関わる

とりいくぐるから東へ50ｍほどにある角地のカフェ。飲食とイベントを行う、とりいくぐるの姉妹店として2016年にオープンさせた。名前は〈ラウンジ・カド〉と言い、そこでは時折、高速バスの発車まで待つ宿泊者と、近所の果物屋のおばあちゃんが同じ空間でコーヒーを飲むというようなシーンが見受けられる。

とりいくぐるを始める前から、ゲストハウスはまちに開かれていたいという思いがあった。そうすることで、旅行者にとってもここに泊まる魅力になるはずだし、奉還町というチャーミングなまちをもっとアピールし、どんどん出かけていく良いきっかけになるだろうという期待があった。そういう経緯もあり、オープンしてからイベントの依頼などはなるべく断らず、こちらも積極的に企画に関わるようにした。近所の人が気軽に来られるようにと、町内会や商店会の人たちと交流をもった。しかし、宿泊業とそういったまちへとの接点に迷うシーンが日毎に多くなっていった。たとえばライブを開催したとして、普段は宿泊客がゆっくり腰を落ち着け、食事をしたり次の旅程を考えたりするスペースであるラウンジを、ライブをするからと占拠していいのだろうか。限られた施設、機能のなかで、宿泊客のこととまちとのことを両立させる難しさを感じていた。そんなもやもやを抱えていた3年目の秋、近所に空き店舗があることが知らされた。路地の角地に立つ元パン屋の建物。またもや興味本位で見学したところ、新た

なテナントを誘致する、みんなでシェアして使うなど、再生させた後の様子をいろいろと想像してしまっていた。

高齢化が進み、かつてのお店もやがて空き家になり、そしていつの間にか更地にされ、月極駐車場やアパートになっていく様子を傍から見ていた私たちは、朽ちて更地になってしまう前に、自分たちでこの元パン屋の空き店舗を借り上げることに決めた。1年後、その空き店舗はきれいに改装され、飲食やイベントを楽しむ宿の離れとしてオープンし、まちとの新しい交流拠点をもつことになった。これは、これまでのコンセプトを踏襲しつつも宿泊業とまちとの交流を両立させるため、さらにもっと積極的にまちと関わろうという私たちの決意表明でもある。

そして、続けること

私がとりいくぐるをオープンさせた2013年は、全国的にゲストハウスが増え始めた頃と一致する。とりいくぐるも、数多く生まれたゲストハウスの一つだった。ブームはいつ終わるのだろうと注視していたが、2016年現在も増え続けており、この岡山市でも新たに一つ、四国や広島など近隣の都市でも立て続けにオープンしている。

かたや目の前の奉還町を見ていると、軒を連ねる古くからの店舗も徐々に空き店舗が増え、気づけば歯抜けの空き地や駐車場へと変わってしまっている。そんな場面に遭遇する度、継続することの難しさを痛

左：ラウンジ・カドでのカレーとフリーマーケットのイベント／右上：ラウンジ・カドの脇道を通りすぎる高校生／右下：クリスマスの日のラウンジ・カド。近所の人もいらっしゃった

感する。続けるためには毎日同じことをひたすらこなすだけでは足りない。その裏で実は、日々たくさんの改善と更新が行われている。それは、奉還町で長らく続いている大好きなお店も、新しいお店も同じことだ。

この頃、そのまちで商売をするということは、まちに対して〝商売を続けていく〟という責任が伴うものなのだと思うようになった。まちとお店は相互に作用しあうものだということは、ゲストハウスを数年運営して学んだ。少しずつ変化する旅のスタイルや暮らし方に寄り添いつつも、まちに根ざしながら「まちの入り口」として受け入れられるように、継続していく。それが、まちと関わりながら商売をする身としての、恩返しの形なのだろうと思う。

朝の風景。すべての人に開かれたまちの入り口を、丁寧につくり続ける毎日

たみ・Y Pub&Hostel

他者と遭遇する場所を営み続けて気づいたこと

蛇谷 りえ（じゃたに・りえ）
ゲストハウス〈たみ〉〈Y Pub&Hostel〉共同オーナー。1984年大阪府生まれ。2012年に「うかぶLCC」を三宅航太郎と共同で設立し、鳥取県東伯郡湯梨浜町にて複合型の滞在スペースたみを開業。2016年1月には鳥取県鳥取市中心市街地にY Pub&Hostelを開業し、各店舗の経営を行う。そのほか、県内外での印刷媒体を中心としたデザイン企画および制作、アートやメディアに関する企画立案やコーディネート、運営などを務める。

あるがままに、わがままにこの世のなかで生活をしていくにはどうしたらいいか、そのことだけを考え続けて、今、このような仕事をしている。宿と言うより「場所」と言った方が正しいかもしれない。この場所にやってくるさまざまな人たちと出会って、泣いたり、笑ったりしながら、人として強くなれた気がする。人間はどこまで可能か、この場所で目撃していきたい。

暮らす人以外は降りることのなかった松崎駅の、元国鉄寮

〈たみ〉は、鳥取県中部・湯梨浜町にある木造二階建ての元国鉄寮を改装した宿とカフェスペースとシェアハウスを併設した場所だ。JR鳥取駅から、山陰本線でさらに西へ、電車に揺られて50分。松崎駅を降りてすぐ、東郷温泉と書かれた大きな門構えが目に入り、昔このまちが賑わっていたことがわかる。駅から徒歩3分ほどの立地に、2012年にオープンした。たみは、最大で12床ある2段ベッドもカフェスペースもキッチンも、業者がほとんど入っていない手づくり感のある宿だ。

2016年に始めた〈Y Pub&Hostel（以下、Y）〉は、鳥取県東部・鳥取市にある雑居ビルの1、2階にテナントとして入居した。鳥取砂丘など観光地への交通拠点であるため、駅周辺には観光客に向けられた地物の飲食店や飲み屋街だ。温泉や銭湯などもあり人々が夜も飲み歩く姿が見受けられる。JR鳥取駅から徒歩5分ほどの立地だ。2階のホステルスペースには最大20床、カプセルホテルのようにプライベートが保たれたベッドが並ぶ。1階のパブスペースは、疲れた体を癒すリビングのような落ち着いた空間と美味

しい食事、気さくなスタッフが迎え入れてくれる。

たみとYを経営する「うかぶLLC」は、私、蛇谷りえと三宅航太郎がたみを開業することをきっかけに、2012年に立ち上げた会社である。「あたらしい風景を自由に見るための土台であり、舟である／個人の持つ可能性を拡張することで、社会をいかに生きるか探求する場所である／留まることなく、常に変化しつづける時間である」を理念に、2店舗の運営のほかに、県内外の印刷媒体を中心としたデザイン、地域振興・文化振興事業の企画や制作、文化事業のコンサルティング、コーディネート、マネジメント業を行ってきた。これまでフリーランスでお互いが活動してきたことが、会社の事業になっている。個々人が集まり協働することで、ひとりのアイデアを展開したり、力を合わせ、想像を超えるイメージをこの世界に実現していくことに魅力を感じてきた。

たみの前を歩くと昔の街道があり、いまも営業している商店が立ち並ぶ

〈かじこ〉から〈たみ〉へ

たみを構想するきっかけになったのは、2010年に岡山市内で行った期間限定の滞在型アートスペース〈かじこ〉だった。かじことは、岡山市を横切るように流れる旭川沿いに並ぶ古民家を活用して、3ヶ月限定で開いた宿で、1泊2600円で泊まることができた。すぐそばには船着場があったことから、「かじこ」と名づけた。かじことは航海術の用語で〃舵をとる人〃を意味する。この場所を船に見立てて、みんなで舵をとることをイメージして名付けた。宿泊者がイベントを持ち込むと1000円割引になる仕組みだったので、旅人による、自分の技術や趣味にまつわるさまざまなイベントが6畳ほどの小さな居間で日夜開催された。毎日、知らない人同士が出会い、宿泊者がホストになって迎え入れ、夜が更けるまで交流し、翌朝出発していく。私は日々繰り広げ

かじこの庭で宿泊者同士で花火の様子

られるドラマチックで演劇のような風景を、管理人として見続けた。

かじこを終えて、たった3ヶ月半でさまざまな出来事があった。私がかじこを通していろんな人や出来事に遭遇したことで、仕事と暮らしとが切り離されることなく、全ての経験が自分のからだを通っていくような実感のある生活がそこにあった。もっと長い年月を過ごせば、どんな経験ができるのだろう？という好奇心から、半永久的に続けられる「宿みたいなもの」を三宅とやろうと決めた。

その頃、知人の紹介で鳥取県東伯郡湯梨浜町に出会った。湯梨浜町は三つのまちが合併していて、そのうち旧東郷町は二十世紀梨をはじめとする梨が通年つくられており、また昔は温泉旅館がたくさんあったという。たみの周囲で営業している商店は、通りに沿って５００ｍ先の松崎神社へ導くように建ち並び、暮らしと商いが同居している。私と三宅は、時間や制約に縛られるような助成金は使わないと決めて、まちの催しや祭りに参加して、まちの人たちとじっくり関係をつくりながら「宿みたいなもの」に見合う物件を探した。およそ1年が経ち、２０１２年1月、ようやく元国鉄寮を売家として提供してもらえることに。だが、当初賃貸物件で開業の計画をしていた私たちには、予想外の資金集めが必要になった。たまにくる県外のデザインの仕事のほかに、地元のスナックのアルバイト、カヌーのインストラクターなど、二人でなんでもやって、苦労してお金を稼いだ。それでも資金は足りず、たまたま知ったクラウドファンディング[*1]で集まったお金を元金に信用金庫に相談したら、融資してくれることが決まった。一番の決め手は、開業前の事業に対して全国各地のおよそ２００人が支援してくれていることだった。契約を結んだ後、県内外の物好きな方たちや友人たちに助けられながら急ピッチで準備し、2012年10月、大好きな地元のお祭りがある日になんとかオープンさせることができた。

ないからつくる、代用する。選べないから工夫する

オープンした当時は「こんな場所に旅行客がくるのか」と、商工会議所も町役場も、不信感を抱いていた。山陰地方にはゲストハウスが一つもなかったからだ。私も内心「そんなこと、私だってわからないよ」と思いながらも、「やってみなきゃわかりませんねえ」と返事をしていた。それでもどうなるかわからない事業を（心配しながらも）笑って応援してくれるまちの人たちが少なからずいたから、孤独ではなかった。ただ、強く自分たちの妄想を信じることにした。

オープン当時から、たみは写真撮影や取材は禁止というルールにしていた。インターネットによってSNSが普及してから、だれでもメディアを扱え自由に情報発信が可能な環境となって、自分も含む、人々の行動に違和感があった。どこか外出するときも、知らない場所へいくときも、事前に写真やレビューなどの「結果」を調べてから移動しているのだ。そして目的地に到達したとき、初めて出会う感動はそこにはなく、画像通りであることを確認するかのように、スマホを片手に歩く。時間がないから、間違いなく予定通りに動きたいのはわかる。だけど、日常から切り離すことができる旅ぐらいは、そういった日常の行動さえも切り離したい。だから、二次情報が出ないように禁止した。

たみに訪れる宿泊客は、写真禁止の旨を伝えるとルールを受け入れ、カメラやスマホをベッドに置いて「情報共有」から一時的に外れることになる。不自由な環境にみえるが、「全部揃っているから便利、たくさん選ぶことが良い」とだれかに与えられるのではなくて、「ないからつくる、代用する。選べないから工夫する」といった不自由さのなかで得られる、新たな自由みたいな感覚を楽しんでもらいたいと思った。ある時代から与えられてばかりで自分の頭で思考することをすっかり忘れてしまったし、自分で創る自由はどこにでもあることを、たみで体現したいと思った。私自身も、そういった社会システムを疑ったり、外れてみたりすることで、ゼロから自分をとりまく環境について考えて暮らすことを始めたかった。

オープン当時のたみと筆者

まちの暮らしと商いの全部を知る

たみには、ゲストハウスの機能のほかに、長期滞在者向けの個室を用意した。オープン当時は男子2人、女子2人が住み、後に、男子2人が入居した。6人の入居者はそれぞれ、関東出身者、県内出身者の地元の大学生など、生まれも育ちも年齢もバラバラだった。オープンして間もない頃は宿泊者もカフェ利用者も少なかったので、住人たちの存在が焦りや不安などの動揺を紛らわす唯一の救いだった。カフェは住人たちの憩いの場となり、帰ってきた彼らの話を聞いたり、宿泊者も一緒にご飯を食べたりしながら、暗い静かな夜を過ごした。年を越して、2013年の春、鳥取県の文化政策課の後押しで緊急雇用補助事業の対象となり、従業員を1人雇うことになった。おかげで少しずつ運営の仕組みができた。おみやげ開発や県内の文化的な情報のメディアづくり、空き家活用のプロジェクトなど宿以外の企画などの仕事も受けられるようになっていった。たみの閑散期には、県内外の料理人を招いて毎週末イタリアン・フレンチなどさまざまなジャンルの料理を提供する一日店長や、壊れた器を金継ぎしたり、着なくなった服をリメイクしたり、自分の身の回りを繕うための文化教室を開いたり、独自の企画をいくつも開催した。さらにヘルパーやインターンの制度を設けることで私たちの仕事が分業され、印刷物の製作やアートプロジェクトの企画・運営など、外部からの仕事を再開させることもできた。同じ時期には、たみを卒業（退居）した住人が徒歩圏内でお店を開いたり、家庭をもって子どもを育てたり、単身で暮らしたりし始めたことで、さらに住人のつながりが広がり、県外からの新たな動きもまちに生まれた。

まちで過ごすスタッフや住人がぐんと増えた分、お店のちょっとしたお手伝いや空き家の情報、食材をいただくだけでなく、まちの人たちが主催する地元のイベントでファッションショーのモデルに参加したり、あるときは演劇公演をみんなでつくったりと、まちの動きにも大いに巻き込まれた。私と三宅だけでは関わりきれなかったまちに、みんなが関わることで、想像しなかった風景がたくさんこのまちで生まれていった。暮らしと商いが同じ場所にあるからこそ、人のもつ技術や知恵、空き家活用、福祉、雇用などの「まちのちょっとしたこと」を日常のなかで共有していて、困ったときに協力し合える関係性を築いてきた。年賀状、お歳暮、まちでの挨拶、お食事会や飲み会、全部が困ったときのための、人付き合いとして大事な行為であることをまちの人の背中で教わった。お金ですぐに手に入れられない関係性は、人々の手と時間をかけてつくられていく。この関係性を抜きにして、たみは実現しなかったし、これからもここに人々がいる限り、いつまでも続く場所となるだろう。

便利の向こう側にあるさまざまな価値観と出会う

2014年のある日、鳥取市内で食堂を営んでいた友人が店を移転するため今のスペースを閉店するという話を聞いた。光がキレイに差し込む町角にあった物件が、実は木造3階建てだったことがわかり、一階を食堂、2、3階を宿にしたイメージができた。たみだけでは年収の限界が見えたことと同時に、鳥取砂丘から1時間も離れたたみにわざわざ来てくれる人たちだけでなく、利便性に優れた宿を必要とする人

Yは
写真撮影OK!
2F
男女混合ドミトリー
女性専用ドミトリー
植物
ベンチや
テーブル
1F Pub
Y Pub&Hostel
若者が多い
パブスペース
カウンター
外が見える

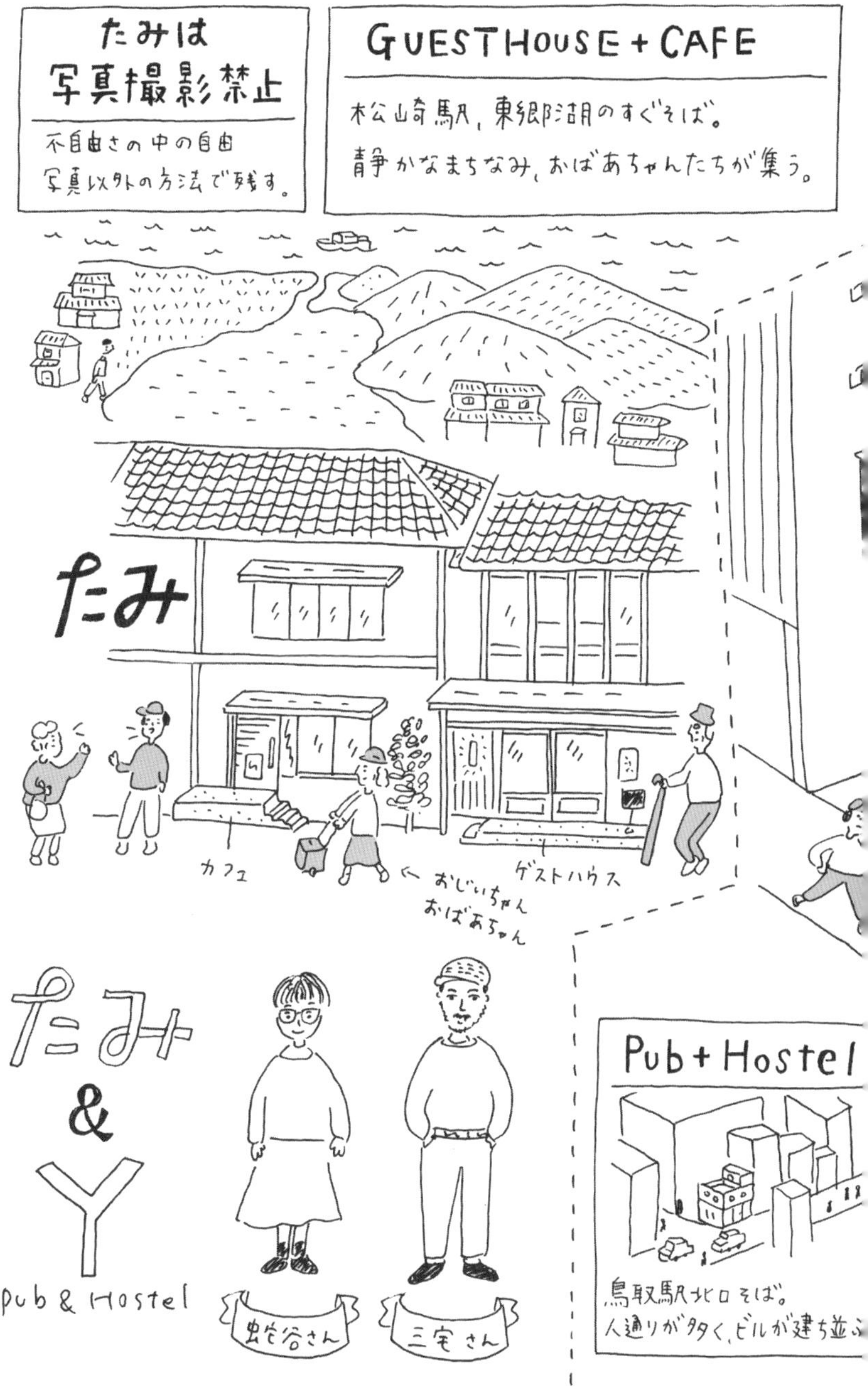
たみは
写真撮影禁止
不自由さの中の自由
写真以外の方法で残す。
GUESTHOUSE + CAFE
松崎駅、東郷湖のすぐそば。
静かなまちなみ、おばあちゃんたちが集う。
たみ
カフェ
ゲストハウス
← おじいちゃん
おばあちゃん
たみ
&
Y
pub & Hostel
蛇谷さん
三宅さん
Pub + Hostel
鳥取駅北口そば。
人通りが多く、ビルが建ち並

たちのための場所ができないか、と考えた。ただ便利なのではなく、便利の向こう側にいるさまざまな価値観の人たちと、いかに出会うか。たみと同じ気持ちで挑戦したいと思った。5年も住んでいると、鳥取市のまちなかに顔の見えるお店や頼れる友人が増えた。土地感覚もようやく把握し始めたところだった。鳥取市で活動する家具職人の本間さんに相談したところ、市内のほかの物件も紹介してもらえることになり、いくつか吟味した結果、結局本間さん本人の持ちビルだったあの木造雑居ビルに入居することにした。

1年間の準備期間を経て、2016年1月にYがオープンした。鳥取駅を背にしてメイン通りとなる若桜街道があり、その右側の弥生町、末広温泉町には居酒屋やスナック、温泉が立ち並び昔からの賑わいが残っているが、左側の栄町、瓦町、今町には、民藝美術館や古くからある風格ある建築物、歴史の長い商店街がいくつもあるものの、ほかの界隈と比べると人の流れが乏しい。

オープンしたばかりのYでは、会社員の仕事帰りや近くのホテル宿泊者が一杯のお酒を愉しみ、ゆっくりと時間を過ごしたい人々が集う。宿泊者も、交通インフラのおかげで、外国人バックパッカーや学生、家族連れ、新社会人のグループ、大学の研究者、ビジネスマンなどさまざまだ。また、Yで働くアルバイトスタッフは、近くの大学生や県外から結婚して戻ってきた人、開業準備中のフリーター、料理人、海外生活が長かった作家など、たみとはまた違った背景をもつ人たちが集まった。中心市街地は、お客さんやスタッフも含めさまざまな価値観をもった人たちで構成されていることが実感できる。さらにYの店長は、美大を卒業した大阪出身の新入社員。美術作品としてではなく、社会のなかでいろんな人が心地よく過ご

左上：Yの店長／左中：ドミトリーのベッド／左下：海外の人にも好評な食事／右上：パブスペース／右中：言葉の意味を削ぎ落とすと「Y」はいろんなカタチに見えてくる／右下：女性専用ドミトリー

Corona
Extra

Ｙのオープニングパーティの様子

せる空間をつくりたいと意気込み、1年前に突然インターンに応募してきた。彼女は今も変わらず正面からものごとに立ち向かい、四苦八苦する不器用な姿は愛らしい。暮らしと商いが同じ場所にあり、共有する事柄の多いローカルなまちにあったたたみとは違って、暮らす場所も背景も異なる人が思い思いに集うYが、今後どのような場所をつくり、どんな展開を繰り広げていくことになるのか、心底楽しみである。

他者とのうまくいかなさを引き受ける場所

私と三宅が立ち上げた会社は、現在20人ほどのチームになった（従業員とアルバイトを含む）。出会いもあれば去る者もいて、ゲストを迎える体制も少しずつ変化している。それでも変わらない私たちの仕事は、ここにしかない「場所」をつくることだ。この場所に、世界各地からさまざまな価値観をもつ人たちが訪れ、ほんの一瞬でも向き合うことになる。そこで、他者とのうまくいかなさを味わい、その都度チームで作戦会議をしてきた。台風のように無理難題があるほど準備に興奮するし、嵐の後も荒れ果てた甲板をデッキで磨くような平穏な日々に心が和む。好きな音楽のワンフレーズに「世のなかの、だいたいのものごとはうまくいかない」という言葉がある。今日もうまくいかないなーとみんなで笑いながら、どこまでも続く社会という大海原に働きかけていきたい。

〈注〉
＊1　インターネット上で不特定多数の人があるアイデアに対し資金の提供や協力などを行うことを指す。群衆（crowd）と資金調達（funding）を組み合わせた造語である。

②

ゲストハウスの新しい役割

ゲストハウスは、ローカルなまちだけでなく、農山村や沿岸・島嶼《しょ》地域、災害に見舞われた地域など、さまざまな逆境に直面する地域にも広がってきている。そこには、ソーシャルデザインと呼ばれる独自の考え方と視点、ネットワーキングやビジネスの方法がある。ユニークなアプローチにより、最前線で挑戦を続ける起業家を中心に、新たな機会とその入り口が開かれようとしている。

こうしたゲストハウスの新しい役割と可能性を読み解いてみよう。

コミュニティが古民家を救う！過疎の山村を支える仕組みとしての宿

秋田・香川〈シェアビレッジ〉
武田 昌大

大学卒業後、東京へ出て働き始めて3年目、正月の帰省で久しぶりに見た故郷・秋田の風景に驚愕した。気づけば地元の商店街はシャッター街になっていて、道を行き交う人もほとんどいない。それどころか、食料自給率2位、米の生産量3位を誇る農業も高齢化で衰退、つくり手もいなくなっていた。このままじゃいけない、なんとかしなくてはという思いに駆られて、平日は東京で働きながら、土日に秋田に帰る生活を約3ヶ月続け、県内の農家100人のもとを訪ね歩いた。そして、若手農家集団「トラ男（トラクターに乗る男前たち）」を2010年に結成。当時先駆的なお米のインターネット通販サイトを立ち上げる。それから5年間、お米の流通を変え、農業体験イベントを企画し、都内でサテライトイベントを催し、秋

田に「来てもらう」機会を増やしてきた。しかし、壁にぶち当たる。トラ男をずっと続けても、人口減少が進む秋田に「住んでもらう」ことはできないことに気づいたのだ。

そんな時、知り合いのつながりで秋田県五城目町《ごじょうめ》にある一軒の古民家と出会う。囲炉裏や土間といった古き良き暮らしが残っていて、今すぐにでも人が住めそうなくらい手入れの行き届いた綺麗な古民家。だが、オーナーさんから数ヶ月後には解体する予定だという話を聞き、放っておけなくなる。なんとかこの家を残しつつ、秋田で人が集まれる場所にしたいと考えたのが「村」づくりである。

都会での暮らしにはないゆっくりとした時の流れ、澄み切った空に山々、なににもないけど魅力的だし、癒される。そんな日本の原風景を次の１００年に残すためには、従来の「ひとりの人が一つの家を支える

シェアビレッジへと生まれ変わった古民家へ集う人々

仕組み」ではなく、「多くの人で一つの家を支える仕組み」をつくることが必要だと考えた。そこで、「村があるから村民がいるのではなく、村民がいるから村ができる」という考えのもと、古民家を村に見立てて再生させていく事業を立ち上げる。それが、〈SHARE VILLAGE（以下、シェアビレッジ）〉という名のコミュニティ型古民家民宿だ。

２０１５年に始めた〈シェアビレッジ町村〉は、ＪＲ八郎潟駅より車で約20分（10㎞）という人里離れた集落にある。築１３５年の茅葺古民家で敷地面積は９８２㎡。庭・土間つき・九つの部屋と広々とした間取り。そのうち2部屋は宿泊専用で、残りの7部屋は宿泊者同士で食事をする居間や、イベントなどで自由に使うことができる板間などがある。都会から来た人にも快適に過ごしてもらえるように、インターネット無線ＬＡＮも完備。宿には常駐の住み込み管理人「家守」がひとりいて、宿泊の対応や古民家の管理を行っている。年に一度の村祭り「一揆」というフェスでは土間で音楽ライブを開催したり、定期的に古民家体験イベントも開催している。

とはいえ、秋田の山村での宿運営は至難の業。運営を存続していくための課題を解決すべく、独自の工夫をいくつも試みている。まずは古民家の維持費として「年貢」と呼ばれる年会費３０００円を募ること。年貢を納めるとだれでも村民になることができ、宿泊したり、のどかな環境で仕事したり、第二の故郷をもつことができるのだ。さらに、現地に行くだけではなくて、都市部在住の村民で集まって定期的に開催している「寄合」という飲み会。そんな場で村民同士が仲良くなり生まれるのが、里帰りで、実際に「寄合」で仲良くなった村民同士連れ立って、自分たちの〝村〟に遊びにくることも多い。

また年貢に応じて、「ブロンズ村民（ブロンソン）」「シルバー村民（シルソン）」「ゴールド村民（ゴールソン）」「名誉村民（メイソン）」と村民証も変わり、それぞれ村で宿泊時に利用できるクーポン、お米や季節の野菜が届くなどの特典がある。こうした仕組みづくりが評価されて、２０１５年秋にはグッドデザイン賞ベスト１００と特別賞の地域づくりデザイン賞を受賞した。

なにより嬉しい変化は、なんと言っても自分の地元・秋田に移住者が続々増えてきていることだ。秋田県は人口減少率日本1位。このままでは１００年以内に県の人口はゼロになってしまうと言われている。そんな状況を少しでも変えたくて始めた活動の成果がこうして目に見えて現れ始めている。秋田だ

左：都市部で開催されている定期イベント寄合の様子／右：シェアビレッジでの過ごし方は自由

SHARE VILLAGE

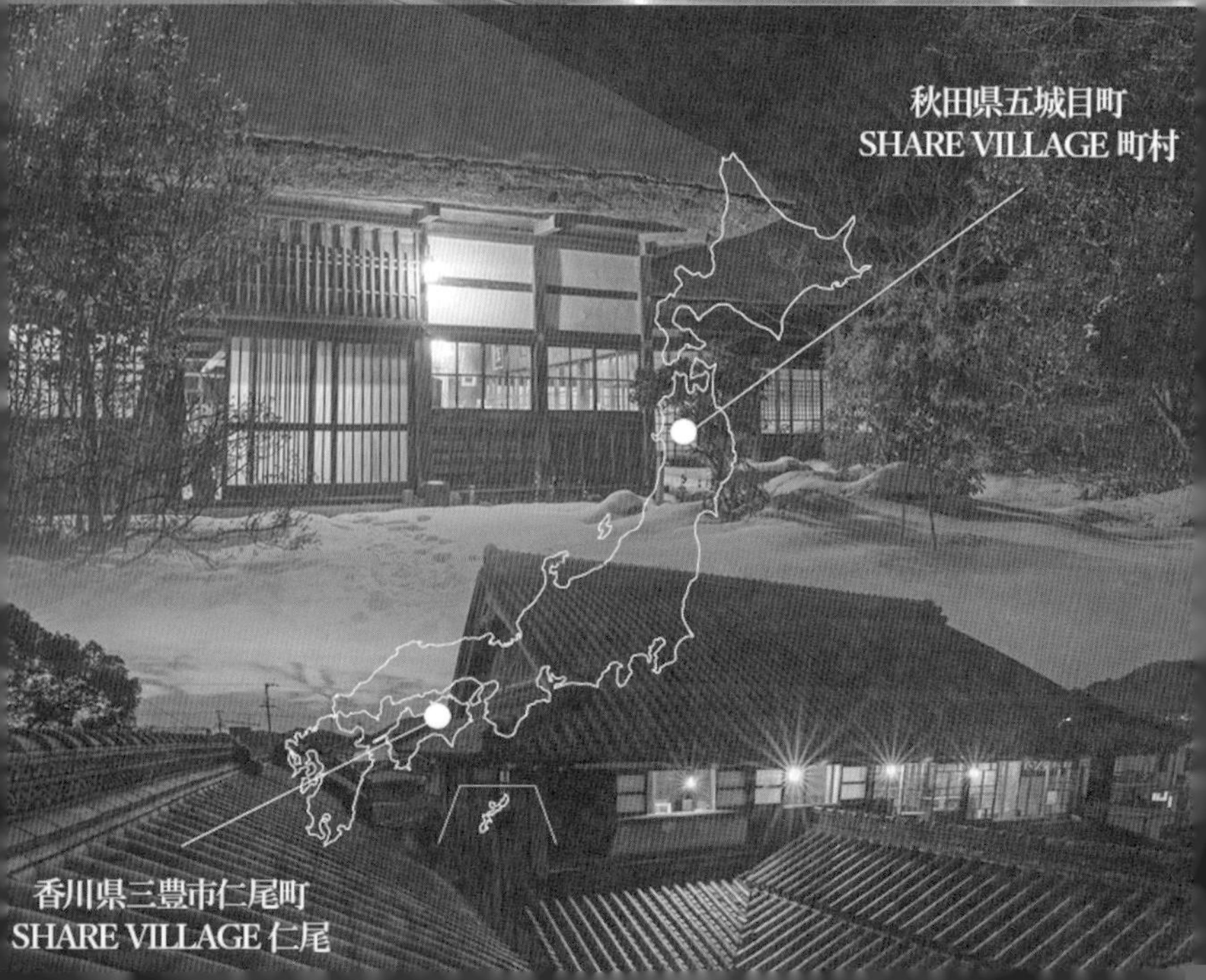
秋田県五城目町
SHARE VILLAGE 町村
香川県三豊市仁尾町
SHARE VILLAGE 仁尾

けではない。村民が増えれば増えるほど、全国の古民家を〝村〟に変えることができる。

秋田での開村から1年が過ぎ、２０１６年、香川県に第二の村を開くことになった。もともと日本全国の古民家を残して行きたいというのがシェアビレッジのコンセプトだったので、次は西日本でという想いがあった。全国から「うちの物件でシェアビレッジをやってくれませんか？」とお問い合わせをいただくようになり、ご縁のある地域を訪ねては、物件探しを始めた。そんななか、２０１５年9月、初めて香川県三豊市仁尾町を訪れた。知り合いに物件を紹介してもらい、まちを歩いて古き良き暮らしの残るまちなみに一目惚れし、このまちでシェアビレッジをやりたいと思った。そうして開村した「シェアビレッジ仁尾」はJR詫間駅より車で12分の仁尾町にある築１００有余年の木造2階建ての母屋と離れ、蔵2棟を含む敷地面積８４０坪の巨大民家だ。いつのまにかシェアビレッジ全体の村民数も１８５０人を超え、どんどん村民の輪が全国に広がっている。村が増えるほど村民はたくさんの村に行けるようになる。都市から田舎へ、田舎から田舎へ、田舎から世界へ。村民が新たな発見をし、コミュニティを築き、楽しく充実した日々を過ごす。そんな１００万人の村民ネットワークをつくりたいと思っている。

武田昌大（たけだ・まさひろ）
ゲストハウス〈シェアビレッジ〉プロジェクト代表。１９８５年秋田県北秋田市生まれ。２００８年立命館大学情報理工学部卒業、東京にてデジタルコンテンツ業界に従事。２０１１年8月株式会社 kedama 設立。２０１６年5月内閣府が運営する地域活性化伝道師に選ばれる。２０１５年、築１３３年の茅葺き古民家を活用した新ビジネス「シェアビレッジ（sharevillage.jp）」を立ち上げる。

上：シェアビレッジ町村ののれんと居間／中左：町村の浴室／中右：香川県のシェアビレッジ仁尾で開かれた寄合の様子／下：全国に残る古民家をつないでつくるシェアビレッジ。地方同士の新たな交流も生まれる

距離を縮める場づくり。復興ボランティア拠点としてのゲストハウス

宮城〈架け橋〉・熊本〈山麓園〉
田中 惇敏

2014年5月から、宮城県気仙沼市にある築45年の空き家を改築してゲストハウスを始めた。2016年11月の大規模改修を終えて、11月末日現在で宿泊は7000泊に達した。

正直なところ、東日本大震災の被災地でのボランティア拠点となるこの場所を開業するまでは、ゲストハウスという言葉すら知らなかった。旅館でも民宿でもホテルでもないこの「寝泊りができる簡易な宿泊所」を表現するには、ゲストハウスという言葉がしっくりきた。

被災地には住民と旅人（ボランティア）が交流できる場所が必要だった。宿の一階にある共有スペースでは昼は珈琲や紅茶、夜はお酒を提供しているのだが、まちの人たちはここを居酒屋かカフェだと思って

いて、老若男女問わず当たり前に普段使いのお店のように通ってくれている。

気仙沼ゲストハウス〈架け橋〉設立の経緯

２０１１年３月11日、東日本大震災が起こった当時、私も例に漏れずテレビを食い入るように見た、福岡の高校３年生だった。被災地を見てみたいという単純な思いから大学入学後にボランティアに行き、そのうち20日間活動した場所が気仙沼市（死者行方不明者１３５９人、気仙沼市発表）だった。子どもとひたすら遊ぶというボランティアをしながらも、報道されない現実がそこにはたくさんあることを知った。過労死で亡くなった私の人生初の上司もそのひとりだ。毎日寝る間も惜しみ、大好きな家族との時間も犠牲にして復興に尽力していた人だった。

福岡に帰り、ボランティアの経験を周囲に話すと

絵本カフェで地域住民が交流する様子。架け橋では170冊の絵本が並び、子育てママが運営している

「私も行きたい」という人の多さに驚いた。当時東京では盛んだったボランティアバスも九州にはなく、行きたいと思っても行ける環境が整っていなかったのだ。私は、そんな彼らの現地入りのサポートを買って出た。２０１７年現在、学生のボランティア派遣は年2回で、大学生の夏と春の長期休暇の1ヶ月間に１００人以上を一気に連れて行く。経験値も専門的なスキルにも乏しい学生だが、学生だからこそ貢献できることを見つけ出すためにまず学生スタッフが1ヶ月もの時間をかけて現地調査を行う。住民のニーズを事前にリサーチしてボランティアとして貢献すべきことを探ってきた。しかしその調査スタッフも普通の大学生。資金もなく、授業も欠席し続けるわけにもゆかず、学業との両立に疲弊する者も少なくなかった。このままでは立ち行かないと、私が大学を休学することにした。被災地に移り住むことで、ニーズ集約を一手に引き受けることを名乗りでたのだ。そうして立ち上げたのが、気仙沼ゲストハウス〈架け橋〉だった。

支援方法はさまざまだ。２０１６年の春は水産加工会社のマルニシにボランティアを送った。漁師支援が一般的な漁業関係のボランティアだが、実は加工会社も同様に被災し復興が遅れている現状があった。漁師が元気になっても、魚を卸す先がなければ産業が再興しにくい。そうした現場の課題に気づかせてくれたのは地元のお茶屋さんだった。一服していたお茶屋さんでたまたま一緒になった店主の友人がマルニシの社員の方で、悩みを聞く機会を得たのだ。被災地に拠点を置いているからこそ気づけたニーズだった。

空き家とボランティア滞在拠点の親和性

長期で被災地に滞在し活動する際、目下の課題は滞在場所の確保だ。震災当時、被災者も家がないなか、私たちボランティアが泊まる場所は皆無に等しい。復興が進み、被災地の宿が再開しても、学生にはホテル代を支払いながら活動する資金はない。この状況を地元の和尚さんが理解してくれ、檀家さんの空き家を紹介してくれたのだ。

学生のボランティア活動が地域との信頼を生んだことで、現在まで気仙沼に4軒、活動が派生して仙台に1軒、南三陸に1軒、熊本に1軒、東京に1軒、全部で8軒の空き家を借り受けることができている。被災地をはじめとする地方で空き家が溢れていることは事実だが、地域との信頼関係なしには家賃交渉をするどころか空き家さえ見つけることができない。そういう意味でボランティア滞在拠点と空き家の親和性は高い。

全国から集まった学生が宿泊し、さまざまなボランティアに挑む。ニーズはゲストハウスが集めている

実際、一度信用してくださるとその後はすごい。私が最初に借りた空き家は賃料0円。加えて、大家さんからは畑で採れた野菜を毎日のように届けてもらい、困ったことがあると助っ人を紹介してくれ、夕食にも招待してくれる。その分、私たちはお客さんから貰う全国のお土産をおすそ分けし、屋根の修理や家庭教師でお返しをする。

被災地のニーズを集める溜まり場

この宿はもともと、ボランティアの寝泊りのためだけでなく、〝まちの人のニーズを集める〟ためにつくった場所である。1階を地域に解放したことで、昼間は170冊の絵本のあるカフェとしてお母さんや子どもが、おばあちゃんも話し相手探しにお茶っこ(気仙沼弁、飲み物を飲みながら話すこと)しに来る。夜は居酒屋としておんちゃんやずんちゃん(お父さんやおじいちゃん)が飲みに来る。ゲストハウスの宿泊者も、部屋から出てくれば地域の人がいるため自然と話す雰囲気になる。子どもに絵本を読み聞かせながら、お茶しながら、あるいは一杯飲み交わして、初めて打ち明けてくれることがある。そして、この雰囲気になるのはちょっとした仕掛けがある。地元の方と宿泊者のメニューが裏表になっていて、商品は同じだが金額は地元のほうがちょっと安く、宿泊者のほうがちょっと高いのである。こうすることで、地元の方は気軽に来やすく、積極的に宿泊者と話そうとする。

そんな工夫が功を奏して、これまで来たボランティアのうち23%の学生が再び訪れてくれ、うち7人

左上:セルフビルドは地元住民の皆さんにも手伝ってもらった/右上:絵本は子どもから大人まで楽しめるものが並ぶ/下:ゲストハウスのボランティアに参加した学生はその後も仲良し

は移住した。最近移住した子は、架け橋メンバーで地元の漁師さんを支援するボランティアに参加し、漁師さんの仕事のかっこ良さに惚れ、大学卒業後に新卒漁師として海の上にいる。

被災地に寄り添い続けるゲストハウス

２０１６年４月、今度は熊本で大きな地震が起こった。私たちはこれまでの経験から、発災５日後に車には布団や工具を積んで被災地入りし、わずか１週間で益城町の道端で偶然知り合った方に空き家を借り受け、ボランティアの宿とした。借り受けた空き家が元焼肉屋で山麓園という名前だったため、そのまま熊本ボランティアハウス〈山麓園〉とした。被害のひどかった益城町、南阿蘇村、西原村のボランティアセンターから30分の好立地に位置する。山麓園は、架け橋にあった滞在場所としての機能や、ボ

ランティアコーディネート機能に加えて、情報交換の場所としての機能をもつ。学生ボランティア中心だった架け橋では、参加者の出身地や年齢、活動場所も似ていたが、山麓園は、年齢も参加動機、活動場所もさまざまだ。だからこそ、参加者同士でお互いの境遇を理解したり、活動場所の最新情報を共有する情報の交差点としても、ゲストハウスという場所が重要な役割を果たしていた。

２０１６年9月に発生した岩手・北海道の台風被害の被災地でも、私たちではないが、岩手のＮＰＯがボランティアの滞在拠点をつくった。このモデルの有用性を全国に伝えることができたことを嬉しく思っている。これからも、被災地でのボランティアのための宿づくりが、早急な復旧と復興のその先を見つめた復興を支える力になることを呼びかけていきたい。

田中惇敏（たなか・あつとし）
気仙沼ゲストハウス〈架け橋〉代表、熊本ボランティアハウス〈山麓園〉ブーストマネージャー。１９９３年福岡県北九州市生まれ。九州大学工学部在学中。大学を4年間休学して宮城県気仙沼市に移住。全国各地の空き家を地域のパートナーとともにゲストハウス、カフェ、シェアハウスなどの機能にすることでまちづくりに取り組んでいる。現在、ＮＰＯ法人Cloud JAPAN代表理事。株式会社おかえり代表取締役社長。ＮＰＯ法人HOME-FOR-ALL 事務局も務める。

chapter 3

暮らしをつなぐ小さな宿

真野 洋介

①　なぜ彼らのゲストハウスには人が集まるのか

人と場所の物語を貯蔵する小さな宿

本書に掲載された九つの宿の運営者によって語られる場の営みは、単なる開業体験記ではなく、一つひとつのまちで生まれている「人と場所の物語」として読むことができる。

宿には日夜さまざまな旅人が訪れ、まちの案内人でもある運営者たちはその土地の魅力を媒介する。訪れる旅人（ゲスト）はスタッフやサポーターの場所への思いや哲学が込められた滞在空間を手がかりに、見知らぬ土地を探索する。

そして独自の視点で場を営む運営者とのコミュニケーションを通じて、ある種偏ったおもてなしを受ける。〈たみ〉は、仮設のコミュニティからスタートし、その土地にさらに深く身を置くことで古くから続く湯梨浜町松崎のまちの日常に接続する場所となった（147頁）。住まい、仕事の先にある第三の場所としての期待を集める〈とりいくぐる〉と〈ラウンジ・カド〉（131頁）は、駅裏にある奉還町商店街という繁華街のカウンターサイドから岡山のまちに新たな動きをつくる若者たちの居場所にもなっている。〈とりいくぐる〉や〈SAMMIE'S〉（115頁）など、こうした場所が接点となっている多様なコミュニティは、ターミナル駅の裏側エリアに新たな機運と動きを与え、未知の場所を開墾するベースキャンプの役割をもち始める。〈1166バックパッカーズ〉(59頁)や〈あなごのねどこ〉(43頁)のように、門前や街道筋など、歴史的経緯が色濃く蓄積されたエリアに新しい場所を組み込むことで、同じエリアが違う色彩をもつようになることも興味深い。

そのように考えてみると、ゲストハウスとは、その土地にちりばめられた小さな星であり、地域を紐解く目印(フック)であり、旅先での新たな発見や出会いを導く出発ロビーであると言えよう。そして、これらの場をつくる運営者たちもまた、その土地を自ら開拓したかつての旅人だったことに目を向けたい。運営者の多くは、日本あるいは世界各地を巡ったバックパッカー(巡礼者)としての経験をもち、自らの滞在と交流の体験を経て、ゲストハウスの運営とその土地での日常に辿り着いている。

彼らがつくり込む、人が集まる共用スペースのデザインや、ゲストと交わされるふとした会話には、かつて自ら体感した旅先での日常や、心地よいと感じてきた場の感覚の積み重ねが多分に反映されている。「旅」を通じて見知らぬ土地や人と出会い物語を紡ぐことを楽しんできたように、彼ら自身がその土地で新しい世界と出会うための「物語の始まり」を自ら描き出そうとしており、ゲストハウス開業に至る過程そのものが一つの旅のようである。

とはいえ、宿はだれかの旅の舞台である以前に、自身が暮らすまちの日常の一部であることを忘れてはならない。新たな出来事が生まれる日もあれば、静かに淡々と過ぎていく日もある。日々、招きたいゲストやまだ見ぬ旅人をイメージしながら空間を磨く一方で、まちの日常に対する丁寧な眼差しも不可欠である。ゲストハウスの開業は、資金や人材、空間の確保ができれば十分というわけではない。まちの日常に対する感覚や特定の場所への思い入れ、地域で築かれる人間関係なども貴重な資本となる。〈あなごのねどこ〉の豊田雅子さんとつるけんたろうさんの関係や〈1166バックパッカーズ〉の飯室織絵さんのような、個人の卓越した構想やよく練り込まれた計画が具現化してくる場合もあるし、〈とりいくぐる〉の明石健治さんや〈たみ〉の蛇谷りえさんのように、日々の活動から考え導き出した一つの答えが、たまたまゲストハウスというかたちだったという場合もあるだろう。

いずれの成立過程にせよ、宿の日常は、ゲストハウスからまちへ展開していく流れと、まちの活動がゲストハウスに転化する流れ、この二つの波の繰り返しのなかで、日々位相を変化させている。旅人と住民が入り混じり、まちの日常と旅の非日常が交錯しながら、場所をめぐる関係性は常に変化し続ける。2章に綴られる日々からは、こうした位相変化のなかで、淡々と連続する日々の暮らしと、絶えず変容し続ける場所の多様さ、その二面性が垣間見える。ではこのような宿をとりまく環境はなぜ、これほど旅人や地域の人を惹き付ける、独特の空気を醸し出しているのであろうか。

「まち考現」の窓として見るゲストハウス

彼らのつくる場所や日常生活への眼差しが多くの人を惹きつける理由を紐解くために、少し時間を遡ってその手がかりとなる、ある歴史的研究に触れたい。

1927年に民俗学者である今和次郎らが提唱した「考現学」[*1]は、「全社会の消費生活の状態への関心を持つ」ために生まれた。「現在われわれの眼前にみる生活のなかにある事象を対象として記録考究」し、住まいと暮らし、消費生活の学問として、財貨を使用する場所で研究することをモットーとした。

考現学が最初に着目したのは、市民が社会生活の舞台の主役となった19世紀以降、大きく変化し続けた生活様式だった。なかでも特に、今らが直面した関東大震災後の東京は混雑と混乱の最中にあり、現在という時間の一地点は過渡期にすぎないという仮定のもと、現代風俗の詳細な記述と観察から「次の時代の生活様相」を描き出そうとしたのである。[文1]

銀座のまちを皮切りに、本所深川の貧民街や労働者街など、関東大震災後の焼野に向き合う「全東京の現れの認識」のため、トタンの家、繁華街のバラック装飾、街を行き交う人々などに着目した風俗調査が次々と実施された。この調査で観察され、記述された一つひとつの様相こそが、「原始的な状態にかえり新しくつくられていく東京のエネルギーと芸術の発現の象徴と捉えられたのである。

時が移り、21世紀初めのローカルな都市を舞台にした「まち考現」では、なにがどう記述されうるだろうか。各地の旧市街は空洞化や「スポンジ状の衰退」など、近年負のイメージで記述され尽くしている。しかしその一方でまちに目を凝らすと、こうした固定観念を捨てて新たな〝場所〟につくり変える、次の時代へのエネルギーと独自の芸術表現が各地で現れ始めている。[*2]その現れの一つであり、「ローカルなまちの今」を実感する場所の最前線が、本書で紹介したゲストハウスである。

そこでは、地域固有の空間と資源（ある種原初の状態に還りつつある古家、生活の不便さ、予測不能で思いどおりにならない地域の未来も含めて）、人の関わりなどが立体的に組み立てられ、一つの結晶体（アッセンブラージュ）[文2]を組成している。この結晶体こそが、現代に新しくつくられていくローカルだと言える。まちに根を下ろし暮らしを実感することと、開かれた場所を日々営むこと。この両方の眼、すなわち、内なる窓と開かれた窓をもつ新しい生活者のいる風景から、次の時代の様相が見えてくるのではないか。彼らのゲストハウスにはそのような期待感が漂い、人が集う。

まちの時間と居場所をつなぐ結節点づくり

まちと人と小さな地域性が複雑に織り込まれた結晶体。九つのストーリーには、この変化と結晶化の過程が、人と空間、社会のなかでの自分との格闘とともに活き活きと記述されている。

本書で登場するゲストハウスがある地域は、人口１５００人の村、1万5千人の町、15万人の市、数十万人の政令市・中核市と、いずれも大都市圏に含まれない独立した圏域をもつ。いわゆるゲストハウスの聖地として知られるバンコクのカオサン通りのように、安く泊まれる宿が集積した世界的な観光都市で、バックパッカーが巡礼の目的地とするような場所でないことは明らかだ。国内外問わず利用者は、地域のカギとなるこの「小さな」場所巡りを旅自体の目的とし、楽しんでいる。かつての宿場町は、街道沿いに旅籠や湯屋、道具屋、飲食店などが建ち並び、一つのまちを形成していたが、ゲストハウスを「現代の宿場」の結節点（ハブ）と捉えるとわかりやすい。旅人を受け入れるゲストハウスだけでなく、カフェ、食堂、パン屋、本屋、銭湯などといった開かれた場所が周囲に点在し、コミュニティや人、プロジェクトのつながりと相まって、新たな近隣（ネイバーフッド）や小さなエリアの感覚をつくりだしているのだ。

宿泊者は、ゲストハウスからゲストハウスを数珠つなぎに渡り歩き、各地で滞在を重ねる。その経路は固定されたものではなく、いくつかのラインで結ばれる。結節点同士はリンクし、次第に地域を結ぶ広域なネットワークができる。それはかつての街道と宿場のような、リニアに機能で結ばれる場所のつながりとは異なる、交流の経路（ライン）である。ゲストはその経路をたどりながら、自らのアンテナに引っかかった宿を思い思いに巡り、個別の体験を得る。それぞれの場所で、暮らしの魅力をお裾分けしてもらったり、旅人同士で分かち合ったりする。その場所で、その瞬間しか体験できない空間とコミュニケーションは、スマートフォンで検索できる想定内の観光ではない選択肢を広げ、そのまちでの生活に思いを馳せることにもつながっていく。

こうした交流の経路と体験は、Facebook や Instagram のようなデジタル・コミュニティが実空間化したものと言ってよいものなのか。あるいは、世界の大都市で進みつつある「シェアリングエコノミー」[文3]に類する現象なのか、全く対極の位置にあるものなのか、今はまだわからない。私たちの未来で、デジタル・コミュニティと目の前で対面するコミュニティがシンクロし得るのかわからないように。でもそこには確かに、暮らしと旅のもう一つの接点が見えてくる。こうした「小さなエリアの感覚」が、次第に場所と地域の関係を動かす存在となっているのではないか。人のつながりと資源の継承に支えられて生まれたゲストハウスが、土地に暮らす住人や旅人を支える場所になる。それは旅人と地域の関係を変えるだけでなく、生活者のその地域での暮らし方や価値観の多様化に寄与する存在となり得る。

地域を支える「場のビジネス」を再構築する

では、ゲストハウスという小さな旅の宿が、どのように地域を支える存在になり得るのか、もう少し詳しく見ていきたい。

近年ゲストハウスは、建物のリノベーションや不動産活用手法の一つとして、その空間デザインや事業スキームに注目が集まっている。東京や京都・大阪などに代表される、高度に目的地が集積した「グローバル集客都市」におけるゲストハウスは、すでに一定のシェアと市場を形成しており、本書で詳しく記すまでもない。ここでは、今新しい動きを見せている大都市圏に含まれない独立した圏域で、いかにビジネスとして成立する環境を整えつつ、地域の多様な資源を組み立てていくかに着目する。

まず、本書で取り上げたゲストハウスはその地域で初の試みである場合が多く、そこには独自のローカル・デザインが体現されている。彼らがゲストハウスを企画・開設し、運営を軌道に乗せるまでのプロセスは、大都市圏での開業とは全く事情が異なる。資金・人材・マーケット・社会関係資本などが散在する、いわばそれらの結びつきが弱い地域での挑戦の軌跡である。限られた条件下で、偶発や人の縁を大切にしているからこそ、ほかとは違う場所であり続けたいという願いが色濃く反映されている。

小規模ながらもこうした「場のビジネス」を成立させる過程は、金銭的な収益だけでなく、お金で買えないさまざまな価値や関係（社会資本）を生み出しながら、地域の持続に向けた資源を再編集するというもう一つの側面をもっている。こうして地域を再構築する過程を、ここで「ローカル・アセンブル」と名付けることにする。[文4] そのアセンブルの一局面として、ゲストハウスはどのような役割を果たしているのだろうか。

繰り返すが、本書で登場するゲストハウスは大都市圏に含まれない独立した圏域に位置する。以前から観光客の多い長野や尾道を除けば、一見するとなんの変哲もないまちであり、そうした観光目的地の少ない場所での開業は、これまでの一般的な観光客向けの滞在場所とは全く異なるアプローチを必要とする。

大きな流れで見ると、これらの多くの地方都市の旧市街（駅前や中心商店街）は、直近の30年間で均質化が進み、２０００年以降の15年で空洞化が進んでいる。つまり、これまでの活性化施策に倣った処方箋をいくら施したところで、ほとんど効力はないと考えられる。だからこそ、「旧市街」をひとかたまりの市街地として再生の対象に扱うことを、すでに「語るに遅し」と見る風潮もあるし、とっくにデッドラインをオーバーしていると考える人もいるだろう。しかし、本当にそうなのだろうか。

ゆるやかに伝播する変革の波

一見、だれも目を向けない場所というのは、裏を返せば自らの世界観で小さなコスモスをつくる機会に満ちている場所でもある。たとえば、〈とりいくぐる〉のように近隣商店街の最奥に設けられた小宿は、だれも降り立つはずのなかった場所につくられた新たな旅の「目的地」となる。宿を目指す道すがら眺められるのは、かつて戦災をかろうじて免れたまちの面影である。戦後賑わいを見せた商店街の八百屋や魚屋、和菓子屋など、歴史が色濃く蓄積された路地裏の、オーセンティックなまちなみだ。同様に、近隣の生活環境や商店街組織など目に見えない、地域を支えてきた社会関係資本がある。彼らはそのことに気づき、それらを再び束ねる糸口を見いだそうとしている。こうした糸口は、活性化や地方創生の結果を測る指標の数値や、目先の状態などで判断できることとは別の次元に位置している。

そうした見えざる価値を再び組み立てていくのがローカル・アセンブルである。この流れを思いおこしてみる。その第一段階は、変化のきざしを先導するパイオニアの移住だろう。そのためにまず必要なのが、住まいである。第二段階として必要なのは、地域の新しい暮らしを実践する場所づくりである。尾道や岡山、高岡、湯梨浜などの宿・カフェ・シェアハウスといった複合的な役割をもつゲストハウスの開設は、価値表現とムーブメントの一つの結節点（ハブ）となる場所、すなわち「ローカル・アセンブル」における第二段階の始まりと言える。

第一段階は個人個人でつくれても、第二段階はひとりの力だけでは生成できない。ローカル・アセンブ

奉還町商店街裏側路地の風景。つきあたりの建物は194頁、注4に示したスペース「やっち」

竹
TEL

ルが生まれてくる過程には、地域の転換点となる「新たな始まり」、つまりここで言うゲストハウス開設のような足がかりが必要であり、同時に、パイオニアに共感し一緒に力を尽くそうと意識的に活動する個人や集団の存在との、じぐざぐ（人が交差しながらも粘り強いチームづくり）、もしくは斜めからの応答関係（ほとんどがわかり合えないが、あきらめず繰り返されるあたたかい応答）が必要なのである。そして彼らが集い、顔を突き合わせて関係を深めるための小さな一つの拠点が不可欠だ。

ゼロからこうした動きを起こすパイオニアとそのまわりにできる磁場、そして一連の応答環境は、地域での次なる動きの根（ルーツ）や土壌（フィールド）となる。系統立てられた一つの筋書きが先に準備されているのではなく、すでに起きている動きに呼応しながら、新たな環境や運動が生まれる。「尾道空き家再生プロジェクト」や「高岡まちっこプロジェクト」のように、同じ主体の活動展開のなかで新たなプロジェクトが立ち上がり、チーム・ビルディングが進む場合もあるが、〈たみ〉や〈とりいくぐる〉のように予期せぬ広がりと展開を見せることもある。宿とプロジェクトを介して土地の魅力に気づいた新たな移住者たちが、各々のスタイルで店や仕事を始める動きにつながるのである。先駆者に触発され、周囲の環境と呼応しながら、さまざまな感覚をもつプレーヤーや経営体が生まれているのだ。先駆者たちは、移住者の参入で地域が迎えた第二のステージを経験する。一方、移住してきた者たちにとっては、ゼロからの新たな挑戦が始まるのであり、個人から始まった変革の波は、多様な挑戦に広がり、ゆるやかにまちへと伝播していく。

②　滞在の先に続く、日常への関心の高まり

「暮らしに滞在する」という宿泊ニーズの変化

　このようにゲストハウスがローカルなまちで小さな変革の波を起こす一方で、2020年の東京オリンピックに向け、日本中が空前のインバウンドブームであるという社会背景を抜きにしてゲストハウスを語ることはできない。訪日外国人観光客の増加や、それを支援する観光政策の追い風を受け、ゲストハウスは都心部でも近年増加の一途をたどっている。

　厚生労働省が毎年まとめている統計「衛生行政報告例」によると、旅館業法における各宿泊施設の営業施設数は、この10年で大きな変化を遂げている。ホテル、旅館、簡易宿所の3分類のうち、ホテルは毎年ゆるやかに増加し、旅館は毎年2千件ペースで減り続けているのに対して、ゲストハウスを含む簡易宿所の件数は2005年以後年々増加している。特に東日本大震災が発生した2011年度以降は、増加の幅が広がってきている。三つの分類が占める割合を都道府県別に見てみると、2005年度と比較して、2015年度、簡易宿所の割合が10ポイント以上伸びている地域がある。北海道・青森、滋賀・京都、鳥取、高知、長崎・大分以南の九州地方などである(表1)。これらの地域での簡易宿所の大きな増加は、宿泊ニーズが変化していることを示している。なかでも外国人観光客を大きく集めている京都市、多くの観光資

表1　簡易宿所の定量変化

年度	2005	2015						2015/2005	2015
都道府県	施設数	施設数			割合			施設数比率	営業許可件数
	簡易	ホテル	旅館	簡易	ホテル	旅館	簡易		
北海道	1,173	679	2,285	1,770	14.3	48.3	37.4	150.9	216
青　森	392	137	631	611	9.9	45.8	44.3	155.9	35
秋　田	200	95	495	251	11.3	58.9	29.8	125.5	17
山　形	208	131	722	219	12.2	67.4	20.4	105.3	23
福　島	580	262	1,380	745	11.0	57.8	31.2	128.4	67
茨　城	142	283	745	142	24.2	63.7	12.1	100.0	34
栃　木	233	164	1,295	329	9.2	72.4	18.4	141.2	92
東　京	1,059	682	1,209	978	23.8	42.1	34.1	92.4	162
新　潟	99	290	1,926	142	12.3	81.7	6.0	143.4	101
富　山	224	94	350	177	15.1	56.4	28.5	79.0	14
石　川	333	122	644	348	11.0	57.8	31.2	104.5	36
福　井	306	77	944	390	5.5	66.9	27.6	127.5	64
山　梨	1,280	119	1,279	1,236	4.5	48.6	46.9	96.6	53
長　野	3,399	520	2,363	3,398	8.3	37.6	54.1	100.0	295
岐　阜	395	202	958	397	13.0	61.5	25.5	100.5	79
静　岡	1,162	377	2,769	1,019	9.1	66.5	24.5	87.7	91
愛　知	94	297	939	105	22.1	70.0	7.8	111.7	62
滋　賀	165	126	388	275	16.0	49.2	34.9	166.7	47
京　都	633	219	680	1,131	10.8	33.5	55.7	178.7	288
大　阪	207	387	750	220	28.5	55.3	16.2	106.3	95
奈　良	250	60	386	277	8.3	53.4	38.3	110.8	32
和歌山	499	98	599	484	8.3	50.7	41.0	97.0	46
鳥　取	251	61	374	367	7.6	46.6	45.8	146.2	26
岡　山	193	170	574	186	18.3	61.7	20.0	96.4	33
広　島	465	181	552	392	16.1	49.1	34.8	84.3	33
山　口	95	84	728	130	8.9	77.3	13.8	136.8	18
徳　島	83	41	556	152	5.5	74.2	20.3	183.1	34
香　川	253	132	287	271	19.1	41.6	39.3	107.1	43
愛　媛	454	163	316	433	17.9	34.6	47.5	95.4	28
高　知	280	87	345	369	10.9	43.1	46.1	131.8	28
福　岡	226	397	599	217	32.7	49.4	17.9	96.0	37
佐　賀	65	58	300	109	12.4	64.2	23.3	167.7	18
長　崎	424	79	554	1,352	4.0	27.9	68.1	318.9	129
熊　本	245	133	1,114	514	7.6	63.3	29.2	209.8	34
大　分	263	165	1,011	650	9.0	55.4	35.6	247.1	80
宮　崎	290	136	346	376	15.9	40.3	43.8	129.7	32
鹿児島	599	175	904	855	9.0	46.7	44.2	142.7	81
沖　縄	794	372	546	2,483	10.9	16.1	73.0	312.7	352
全国	22,396	9,967	40,661	27,169	12.8	52.3	34.9	121.3	3,349
注）都道府県は①本書に事例掲載、②10年前と比べた2015年の施設数比率が95%以上、③2015年の営業許可件数が80件以上、のいずれかを満たす地域のみを掲載									
政令市・中核市（100件以上の市）									
京都市	213	163	369	696	13.3	30.0	56.7	326.8	101
大阪市	158	307	371	155	36.9	44.5	18.6	98.1	29
長野市	89	54	155	119	16.5	47.3	36.3	133.7	7

（出典：厚生労働省、衛生行政報告例）

源をもつ沖縄、長崎、大分、熊本などの九州各県では軒数が倍増しており、まちや地域に急激な変動が起きるレベルの数値となっている。新規の営業許可件数について見てみると、先に述べた地域に加えて、栃木、新潟、静岡、長野など、首都圏から近い観光地における新規宿泊施設の開業が多くなっていることを裏付けている。

こうした宿泊ニーズの変化からは、旅のあり方、そして「滞在」のあり方自体が変化してきていることが読み取れる。わずか10年ほど前までは、京都や沖縄など、そこを拠点に一定期間滞在する、旅慣れた若者や外国人向けの宿であったゲストハウスは、大都市を中心に集積するエリアを広げながら、京都の歴史的市街地における路地奥や東京・大阪の木造密集市街地のような、観光エリアではない一般の市街地にまで浸食し始めている。

ゲストハウスは、日々の暮らしと旅の間にあり、土地と場所に対する独自の感覚を生むものである。それが近年注目を集めている新たな「滞在」である。滞在する客人は、一定の時間を過ごすなかで、その土地に暮らす感覚、また、その土地との多様な関わりをイメージしながら、さまざまな場所での滞在を重ね、場所と場所の経路の網を広げ、経験を深めていく。

2000年以降のアートシーンに見る、ローカルなゲストハウスの原型

デスティネーションとは、移動・滞在の目的地を示す観光の用語であり、近年はＤＭＯ（Destination

Management/Marketing Organization）などを通じて取り組まれる観光消費の目的地を示す概念である。本書で登場する運営者たちは、自らの宿をこのような消費の目的地として扱うのではなく、土地や人との関わりを見つける旅の目的地や、自分に合った場所探しを支える場所として位置づけている。

　旅行・観光における消費動向や人の移動など、政府が行う統計調査では、あらゆるものが期間ごとの総量と変動量（振れ幅）で捉えられる。消費者の動向を一括して捉えるデータ・サイエンスとマーケティング、ビッグデータの利活用も一層盛んだ。しかし本書は、こうした動きの捉え方では見えない、静かな人の動きと滞在、その背後にある思考と感覚に目を向けている。地域で営まれる小さな暮らしの入り口を起点とした、新たな目的となっている。ローカルな滞在体験は、あらゆる動きが消費行動として捉

えられがちな現代社会において、わずかに残された「余白」と言えるのではないだろうか。

これらのローカルな滞在経験の原型は、2000年代のアートシーンに見出すことができる。

2000年以降、日本では主に現代美術の世界で、美術館の展示空間にかわるスペースとして可能性が見いだされた「オルタナティブ・スペース」、地域や場所に根ざした作品世界の一つである「サイトスペシフィック」、そして作家が滞在してリサーチや制作を行う「アーティスト・イン・レジデンス」が各地でパラレルに展開され、制作・展示された作品だけでなく、作家やスタッフたちが滞在期間中に地域に向ける関心や視点、地域に対してとられたコミュニケーション、テンポラリーに形成されたネットワークなど、滞在環境そのものにも注目が集まるようになってきた。

大都市の雑然とした街角や密集した居住環境、濃厚な近隣関係などをオープンにしていくアート・プロジェクトやアートサイトが形成されていくなかで、アーティストやアート・マネジメントの運営者が滞在する環境こそが「ローカルなゲストハウス」の一つの原型となっている。[*3] そこでは異質さと、ある種の親密感などが混ざり合い、地域との距離感や境界性の意味を変えることを含めて価値をつくりだした。[文5] このような場の構築プロセスにおいては、プロジェクトの当事者だけでなく、旅人や近隣の訪問者もその経験を共有することで、サイトは地域の日常世界にも影響を与える場所となっていった。


2002年から約2年間、墨田区京島地区で開かれた、アーティスト・イン・レジデンスを含むオルタナティブ・スペース「RICE +」

滞在から日常への展開：ネイバーフッド、コミュニティ、サードプレイス

これらの場所を通じた関係は、「一定期間中の出来事」から始まる仮設のコミュニティであったが、こうした非日常の不確かさや曖昧さを越えて、その土地にさらに深く身を置き、日常に継続的にコミットする場所が営まれ始めたことは、〈たみ〉の前身であり、〈NAWATE〉のルーツでもある〈かじこ〉（150頁）の事例が象徴的である。[文6] そこでは個人同士の相互応答がもたらす多様な滞在経験と感覚の蓄積が、地域の日常に対する複数の思考回路をつくり、岡山・西粟倉村や奉還町、出石町など、エリアを飛び越えて新たな滞在場所と中間領域を組み立てる動きにつながっている。[*4]

ローカルなゲストハウスが立地する地域は、〈1166バックパッカーズ〉や〈あなごのねどこ〉のよう

に、歴史的経緯が色濃く蓄積された場所であることが多い。そこではかつて、近隣の共同体や商店街組合など、地域を支えてきた社会関係資本の強い結合力が地域を持続させる原動力となっていたが、徐々にその力は弱まり、ゆるやかに解体に向かい始める地域は、年々増加する一方だ。こうした解体の流れを再び束ねる糸口として、ゲストハウスは潜在的な役割をもつ。そこでは、かつて旅館やさまざまな宿泊施設がひしめいていた中心街に再び宿の明かりを灯す場合だけでなく、これまで人が滞在する場所が存在しなかった地域に新たな滞在場所をつくることで、土地の履歴やまちの記憶を新たなかたちで体験することができる。

繰り返しになるが、こうした新しい体験を支えているのもまた、近隣と地域の結合力と、潜在的な社会資産である。本書の多くの事例で見るように、ゲストハウスと地域は互いに意識しながら支え合い、場の資産を磨き直して、再び共有しながら、持続可能性を高めあうことができると考える。

③ マス・インバウンドと対極の小さな流れを掴む

個人のささやかな物語に次の時代を見出す

こうした各地で起こる局所的な変革は、次第に「ゲストハウス」という宿泊業のあり方自体をも変容さ

スペース「やっち」で2013年3月に開かれた、NAWATEプロジェクトのワークショップ。明石さん、野口さんの両コアメンバーはじめ、多くのサポーターが集う

せている。そもそもゲストハウスとは、旅館業法では「簡易宿所」に分類される宿泊施設の一形態である。民泊の近年の代表例である「Airbnb」のゲストとホストの分布と動向が示しているように、東京や京都、沖縄など国際的な観光地域における宿泊・滞在施設の集積と、ローカルにおけるゲストハウスや民泊スペースの拡散は、両輪の現象と考えられる。[文7] こうしたマクロな流動と社会現象の中にゲストハウスの集積や拡散を位置づけるか、一つひとつの地域の変化に、それぞれの物語を位置づけるかによって、ゲストハウスの役割は大きく異なり、二極化していると言ってよいだろう。

本書の立場は、前者を認めつつも、後者の変化に重きを置いたものである。特に、古くから続くまちや地域が、地域内外の人々の手によって場所と仕事をつなぎ、ローカル・イニシアチブを創り出す過程をゲストハウスの運営を通して見ている。これまで述べてきた地域経済活動や人の流動、コミュニティの再編など多角的な視点により、大きな流動とは別の小さな流れがあることは明らかである。この小さな流れの集まりが、地域を再構築する力となり得る。ゲストハウスの集積は、グローバリゼーションとローカリゼーションの摩擦や、都市・農村、世代間などの価値観、ライフスタイルの相違などを顕在化させる存在でもある。

「地方創生」が国の政策として奇妙な形で掲げられるずっと前から、大都市圏に人口は集中し続けてきた。地方創生政策は、その流れを食い止めることや、途中でせき止めることの是非に関心が向けられている。しかし、こうした人口の社会増減は「流動」を差し引きした結果の数字にすぎない。先に述べた

Airbnbの宿泊者に代表される訪日ゲストの多くは、東京、京都、大阪の三都市を中心に訪問する層である。その一方で、大都市圏や観光都市以外の場所にも増えるゲストハウスはむしろ、こうしたマス・インバウンドでもなければ、これまでの国内観光客の観光動向とも違う動き、つまり、流動の規模や数字の大小以外の多様性に着目する必要がある。なぜなら、一時的で大きな単一の流動ではなく、多方向の小さな流れが細く長く続いていくことが、人口の少ない地域には、今最も必要とされていることだと考えられるからである。[文8]

場のビジネスから、小さなイノベーションをエンパワメントする

持続的な小さな流動は、いくつもの小さなイノベーションの種になる。たとえば、空き物件を再生してゲストハウスをつくるという一連のプロジェクトは、リノベーションという言葉がイメージさせる、スタイリッシュな物的環境改善の現場というだけでなく、若い世代やさまざまな価値観をもった個人をつなぐ機会創出の場であり、まちに暮らすために必要な質を自ら考え、実践するフィールドでもある。

ゲストハウス〈あなごのねどこ〉と〈みはらし亭〉を運営するNPO「尾道空き家再生プロジェクト」の活動では、NPOの専任スタッフは、NPO事業の定常的な二つの柱である「空き家バンク」と「サポートメニュー」の運営と直営建物の管理、経理などを担当する。一方、二つのゲストハウスのような場所ごとにトータルなサービスを行う建物では、場所ごとで店長や調理、接客スタッフが構成されている。

尾道の両事例だけでなく、岡山の〈NAWATE〉や〈ラウンジ・カド〉のように、物件再生を通じたチーム・ビルディングは大きく分けると、建物工事に関わる部分と完成後の運営に関わる部分の二つの段階があり、二つの段階が別々にあるのではなく、連続して進行していくなかで、施工技術、マネジメント、デザイン、マーケティング、情報発信、顧客サービスなど多岐にわたるキャパシティ・ビルディングを進めつつ、場所や環境が形成されていくことに特徴がある。チームのスタッフは、まちで暮らす時間や暮らし方に応じたスキルアップやキャリア形成ができる。

活動の範囲は徐々に広がり、さまざまな課題を浮かび上がらせ、さらにまちを変えていく機運が高まっていく。こうした動きは大きな力をもつだれかの「仕掛け」によって始まるのかというと、そうではない。事業規模の大きい企業や公共団体、経済団体など、大きなプレイヤーばかりでは、微細な環境と多様な文化・社会資源の集積する現代のローカル都市においては、届かない空間や領域が多くなってしまう。

本書のゲストハウス運営者たちは、各々がつくりだした環境を、近隣の事業者と最小のユニットを組成する場に醸成する。その場所は、常に環境に働きかけながら絶えず変容し、柔軟にまちの時間の連続を担っている。それが彼らの場の最大の強みである。そこでは、大きなプレイヤー同士の関係でつくりだされる、大がかりな集客装置（マグネット）とイベントで切り取られた、途切れ途切れの非日常ではなく、関わる人々のさまざまな関係や関心をクリップする小さな場所のマグネットと、少人数で確実に動けるチーム・ビルディングによる日常の連続という細く長い時間軸があり、そのなかでなにを生みだしていけるかを考え、新たな実践のフィールドが認識されていく。

二拠点化と流動化が引き起こす地方回帰の機運

こうした個々の挑戦は小さくとも確実な流れを生み出しており、近年、地方自治体においても、ゲストハウスが空き家活用や滞在・交流や移住の入口として注目されるようになった。

転機となったのは、２０１１年の東日本大震災と、その後発生した原発事故である。多くの日本人にとって、身近な人との関わりやコミュニティ、住まいと家族などを再考する契機となったこの出来事は、多くの移住者やターンズ（Uターン者など）を動かした。特に関東以北から、中部から西日本にかけての移住者のうねりをつくりだした。彼らが移住先となる土地で空き家を必要とし始めたのである。〈元湯〉（75頁）がある岡山・西粟倉村、〈とりいくぐる〉がある岡山・奉還町、〈あなごのねどこ〉のある広島・尾道、そして富山・高岡の〈ほんまちの家〉（99頁）、福井の〈SAMMIE'S〉。それぞれの地で起こっている動きは、読んでいただいた通りだ。

一方、2・2節の事例に見るように、東北では被災後次々とボランティアや復興への関心が高まり、当時はその拠点づくりも急務であった。当面の生活が再興された後も、宮城・気仙沼市の〈架け橋〉（１７０頁）のように現地に滞在し支援を続ける者、さらには移住者へと転化する人々も増えている。そうした地方移住のムーブメントは首都圏の若い世代や子育て世代を環境や社会的ネットワークへの関心を高める契機となった。もちろん、どんな地域でも移住の窓口を設ければ、また、劣化した都市機能や空間を集約・更新すれば人が動くというわけではない。秋田・五城目町〈シェアビレッジ〉（164頁）のように、遠距離ゆえに頻繁に訪れることが難しいローカルな地域では、大都市圏の若者とつながる新たなソーシャル・デザインのスキームも見出されるようになった。日本各地に散在するマルチスケールの資源と関係性を統合した新たな経済活動の拠点の一つとして、ゲストハウスが認められはじめているのではないだろうか。

④ 小さな宿から考える、まちの未来

まちの趣と履歴を伝える器として、空き家を捉え直す

とはいえ、ゲストハウスを自治体の政策対象として見ると、少なからず課題もある。紹介した事例がすべて古民家を改修して場をつくっているように、近年では、ゲストハウスが空き家というまちのストックを活用する有効な手段として認識されるようにはなった。空き家政策といえば、各自治体の都市計画では「立地適正化計画」に代表される、高度成長期以降拡がりきった市街地と居住地の抑制と、コンパクトシティに代表される持続可能な都市の概念、地方創生政策、空き家特措法と対策計画などが今なお並行して進められているが、いずれも戦略や手法の構築、公共投資や政策効果ばかりに注目が

集まり、その実効性や具体の方策は明確に議論されないまま導入されることも多かった。この観点では、自治体も、ようやくゲストハウスのような具体的な手がかりを見出し始めているのだ。

しかし、ゲストハウスは空き家活用の一つの切り口である一方で、建築基準法や消防法、旅館業法など、既存の法制度の枠組みと、耐震や防火に代表される、性能確保を第一義とする建築行政との齟齬、摩擦は各地で続いている。尾道〈みはらし亭〉や高岡〈ほんまちの家〉などのように、この摩擦を乗り越える取り組みも各地で進んではいるが、依然として法制度の柔軟な運用や規制緩和という点でしかこうした問題を捉えていないところに、公的セクターにおける大きな壁がある。

趣ある旧市街などを、生活者と旅人の双方にとって活きた都市の資産とすることができれば、「これからも住み続けたい」「いつか戻ってきたい」「ここに移住したい」という移住・定住を前提とした人たちだけでなく、中長期の旅行者やインターン、クリエイターなどの一定期間の滞在者、起業を考えている人など、さまざまな立場の共感を生み、まちの後継者の枠を広げることができるのだ。そのためには、文化財の修復と復元という考え方だけでなく、さまざまな時代のストックを紐解き、新たな意味を見出しながら、文脈の更新（書き換え）を行う必要がある。たとえば〈あなごのねどこ〉の路地や中庭、カフェから宿泊客が感じ取る尾道独特な文化の濃密さは、さらなるまちへの興味を掻き立てる案内所としての役割を果たしている。〈元湯〉や〈たみ〉は交流と包摂（ソーシャル・インクルージョン）のベースキャンプとして見ることができる。旅人や若者だけでなく、通りすがりの地元のお年寄りや家族連れ、単身生活者にとっても、そこは従来の施設にない活力を得られる場所となる。

その地域の魅力や豊かさを喚起するデザインソースをどのように活かし、組み合わせていくのかを丁寧に考えることで、空間やプログラムはどこまでも魅力的になり得るのだ。

ゲストハウスにみる日常のリ・デザイン

今ゲストハウスで起きていることは、これまでの都市再生、創造の手法や考え方から見ると、即興的な活動の集まりであり、不連続な価値形成運動に見えるかもしれない。しかしそれは、良くオーガナイズされたパートナーシップやビジョンといった、これまでのまちづくりの考え方とは異なるスタイルであるというだけのことだ。これまでのまちづくりのビジョンは、あまりにも地域の生活時間や出来事を

ぶつ切りに扱い、ワークショップや社会実験など、非日常的で実験的な取り組みを中心に取り上げ、多様な活動や感覚が日々生まれているまちの連続的な時間に目を向けてこなかった。生活を通してしか得られない、これからのまちを日常的に考えていくために必要な場所が、小さなゲストハウスのような場所からセットアップされていく過程の最中にあると考えられるだろう。

日本の地方で起きている宿泊・滞在、移住などの波は、数的、経済的な流動から見ると、加速する大都市圏への人口流動の引力に逆行する小さなさざ波にすぎない。しかし農村であれ都市であれ、そこで形成されたコミュニティは近世、近代、戦後と何度も変容を繰り返し、過疎の波も戦後高度成長の時代から何度も訪れている。ゲストハウスを通じた小さな住まいと暮らしの流動は、そうした一時代の小規模な変化なのか、さらに大きな社会的変化につながるのかは、現時点ではわからない。しかしながら、その変化の良し悪しを問うことより、そうしてできあがったまちの意味や可能性を見出すことこそが、今必要なことである。今まで形成されてきたまちの文脈、歴史的建造物から、空き家、空き地に至るまでをストックと見なし、OSやソフトを入れ替え、ネットワークをつなぎ直すことが急務だ。先駆的な例として取りあげてきた尾道のまちでさえ、中世以降積み重ねてきた各時代の環境や文化、住まいや営みのある活きた景観を継続させてきた環境体としての旧市街が、現代の急速な価値転換によって、時代を越えた環境継承のリレーの流れから外れようとしている。その困難な現実に、〈あなごのねどこ〉をはじめとする尾道空き家再生プロジェクトのメンバーは、日々のさまざまな営みを通じてダイレクトに向き合っている。その日常の

岡山・西粟倉の森林から生産された端材を活かした壁面デザインと、その場所の履歴や由来を考えさせてくれる書籍が詰まった本棚兼カウンターが特徴的な、岡山・奉還町〈ラウンジ・カド〉

試行錯誤こそが、ゲストハウスの運営を含む一連の環境価値形成ムーブメントである。〈あなごのねどこ〉や〈みはらし亭〉のようなデッド・ストックの素材を磨く努力、環境を再構築し新たな価値を付加する動きこそ、まさしく現代のまちの紡ぎ方であり、第二のフロンティアの生成手法と見ることはできないか。

大規模災害からの復興、自然環境保全、歴史的まちなみの保存など、特殊な状況下でしか、まちづくりに常時向き合ってこなかった私たちに、今ようやく転換の時が訪れているのではないか。

人の生き方、暮らし方とコミュニティ、ツーリズムなど、さまざまな関心や複合的テーマによるモチベーションが個人を中心に表明され、それが小さなコモニング（共有／共感体）を生み、日常的な活動や場所の形成につながっている時代が到来している。本書では、小さなコモニングが日々あちこちで生まれる地域特性（ローカリティ）が描き出されている。こうしたまちのローカリティを再び組み立てていくことこそが、ゲストハウスが生まれたまちのもう一つの未来を照らし出すのではないか。

謝辞
本稿執筆にあたり、NPO尾道空き家再生プロジェクト、NPO向島学会、一般社団法人ISHINOMAKI2.0、高岡まちっこプロジェクト、合同会社さんさんごご、東京工業大学真野研究室をはじめ、各地の多くの方々から、さまざまなかたちで協力や示唆をいただきました。記して感謝いたします。

〈注〉

＊1　１９２７年の秋、新宿紀伊国屋書店を会場に企画された、関東大震災後の東京の風俗を記述・展示する「しらべもの（考現学）展覧会」が端緒であると言われている。（文献1）

＊2　本間公らによる「トットリノススメ」（２００８〜）、坂口直也によるゼロダテ大館展「シャッターガイ（Shutter-Guy）」（２００７〜）や、アサダワタルによる「住みびらき」「文脈重視の創造的転用」（２００９〜）、小野環、三上清仁らによる「Air Onomichi」（２００７〜）などが特筆すべきプロジェクトの例として挙げられる。

＊3　筆者が２０００年代初め以降、東京都墨田区向島地域で運営に参画したアートプロジェクト「向島博覧会」「アサヒ・アートフェスティバル２００３」「向島アートのまちプロジェクト」「墨東まち見世」においては、アーティストの滞在するオルタナティブ・スペースがカフェや店舗、事務所スペースと複合し、多数の活動拠点とネットワークが形成され、現在もその流れが継承されている。

＊4　岡山では〈かじこ〉が営まれた２０１０年以降、かじこが立地していた出石町のいくつかのスペースやプロジェクト、そして〈ＮＡＷＡＴＥ〉が立地する岡山駅西口奉還町商店街沿いのスペース「やっち」と一連の活動などへと展開していく。

【参考文献】

1　今和次郎著、藤森照信編、『考現学入門』、筑摩書房、１９８７年1月

2　ジェフリー・ホー、「都市のコモン化とそれがまちづくりに示すこと」、佐藤滋ほか編、『まちづくり教書』、鹿島出版会、２０１７年2月

3　アルン・スンドララジャン著、門脇弘典訳、『シェアリングエコノミー　Airbnb Uber に続くユーザー主導の新ビジネスの全貌』、日経ＢＰ社、２０１６年11月

4　真野洋介、「ローカルイニシアティブからアセンブルへ」、佐藤滋ほか編、『まちづくり教書』、鹿島出版会、２０１７年2月

5　墨東まち見世編集部編、「ＮＰＯ法人向島学会×東京アートポイント計画 墨田のまちとアートプロジェクト［墨東まち見世２００９―２０１２ドキュメント］」、２０１３年3月

6　ジョー・ケビア、「地域の資源を共有する　コミュニティを持続させるシェアリング・エコノミーの可能性」、『新建築』第91巻14号、２０１６年9月

7　かじこ、『かじこ―旅する場所の１０８日間の記録』、２０１３年7月

8　真野洋介、「地域イニシアチブを起点とした地方創生の思考と実践への脱構築」、『都市計画』65巻2号、日本都市計画学会、２０１６年5月

おわりに

本書の企画は、今からちょうど一年前の厳寒の時期に始まった。雪がしんしんと降り積もる高岡の町家に始まり、岡山、尾道など、本書にも登場するおなじみの場所で、執筆者やスタッフの皆さんと話すなか、少しずつ企画は煮詰まっていった。そこでは、東京や京都・大阪など、外国人に人気の都市で過熱する民泊現象や、リノベーションの文脈で語られるゲストハウスではなく、小さなローカル都市で、運営者たちが一人称で語る宿とまちの関係が映った。若干矛盾と自虐が混じるが、専門職や学者の第三者的な視点ではなく、場所を運営する当事者自身が日々接しているまちや出来事を組み立て、描き出すと、どのような結晶が紡ぎ出されていくのかを伝えたい、それが本書の出発点である。

さて、本書の編者である私と片岡さんは、豊田雅子さん率いるNPO尾道空き家再生プロジェクトの役員であり、もうひとりの建築士、渡邉義孝さんとともに、通称「建築チーム」を担っている。豊田さんが次々と持ち込んでくる、想像を超える難度の空き家に対して、チームは何とか前向きに環境を捉え直してきた。毎度の無理難題に頭を抱えながらも、スタッフや職人、移住者、サポーターたちとの絶妙なつながりのなかで、建物再生のプロセスが動き始める。こうした始まりと葛藤をいくつも経たのちに、ゲストハウスという未知の世界に遭遇したのである。

ゲストハウスという宿の形態は、年々認知度を高めているが、自分が、そして自分たちが、そのまちで初めて宿をおこし、運営するということは並大抵のことではない。周辺にも大きな負荷と波紋を起こすことになるということを、本書の書き手たちは各地で経験してきた。本書が、そうした負荷と波紋のリアリティをささやかながら伝え、それぞれのまちで、日々の暮らしの望みや喜びに少しでも接続していくことを願っている。

本書の制作に当たっては、多忙な日々の運営のなかで、細かいリクエストに応えながら、熱いエネルギーを原稿に注いでくださった10人の書き手たちと、その書き手を支える多くのスタッフ・サポーターの皆様に感謝したい。また、そのまちのゲストハウスをとりまく環境と風景に敬意を表したい。

最後に、本書の企画を提案してくださり、書くことに不慣れな我々書き手たちを的確にゴールへとアシストしてくださった、学芸出版社の岩切江津子さんの飽くなき情熱と粘りに感謝を申し上げて、筆を置きたい。

２０１７年2月　真野洋介

編著者

真野 洋介（まの・ようすけ）
東京工業大学環境・社会理工学院建築学系准教授。1971年生まれ、岡山県倉敷市出身。早稲田大学理工学部建築学科卒業同大学院博士課程修了、博士（工学）。東京理科大学助手等を経て現職。共著書に『まちづくり市民事業』（学芸出版社）、『復興まちづくりの時代』（建築資料研究社）、『まちづくり教書』（鹿島出版会）ほか。

片岡 八重子（かたおか・やえこ）
株式会社ココロエ代表、一級建築士、宅地建物取引士、NPO法人尾道空き家再生プロジェクト理事。1974年千葉県流山市出身。1995年青山学院女子短期大学卒業、1995～2000年スターツ株式会社（不動産建設業）勤務後、2000年東京理科大学工学部2部建築学科に編入学し、大月研究室で住宅問題を研究。岡村泰之建築設計事務所を経て、2008年独立。共著書に『地方で建築を仕事にする』（学芸出版社）ほか。

まちのゲストハウス考

2017年 3月 25日 初版第1刷発行

編著者 ……… 真野 洋介・片岡 八重子
著　者 ……… 明石 健治・飯室 織絵・井筒 もめ・加納 亮介・蛇谷 りえ・武田 昌大・田中 惇敏・豊田 雅子・西村 祐子・森岡 咲子
発行者 ……… 前田 裕資
発行所 ……… 株式会社 学芸出版社
京都市下京区木津屋橋通西洞院東入
電話 075－343－0811　〒600－8216
装丁・イラスト …… Yone（米村知倫）
印　刷 ……… オスカーヤマト印刷
製　本 ……… 山崎紙工

ISBN 978-4-7615-2640-5